Lieblingsplätze im Hunsrück, Taunus und Westerwald

GMEINER

Kronenberg / Müller / Richter

Aus Gründen der Lesbarkeit und Sprachästhetik wird in diesem Buch das generische Maskulinum verwendet. Mit der grammatischen Form sind ausdrücklich weibliche sowie alle anderen Geschlechtsidentitäten berücksichtigt, insofern dies durch den Kontext geboten ist.

Für das Buch wurden QR-Codes generiert, die zu den Websites der Lieblingsplätze führen. Um sie zu nutzen, öffnen Sie die Kamera-App Ihres Endgeräts und richten den Rahmen für circa drei Sekunden auf den Code. Daraufhin erscheint eine Benachrichtigung. Sollte dies nicht passieren, müssen Sie ggf. das Scannen in den Einstellungen Ihres Gerätes erst aktivieren. Wenn diese Option nicht verfügbar ist, können Sie einen QR-Code-Reader von Drittanbietern in Ihrem App-Store kostenfrei herunterladen.

Alle Informationen wurden geprüft. Gleichwohl verändern sich Gegebenheiten, daher erfolgen alle Angaben ohne Gewähr. Sollte bei einem QR-Code ein Fehler angezeigt werden, sind wir für eine Nachricht dankbar. Auch über Ihr Feedback zum Buch freuen sich Autorin, Autoren und Verlag: lieblingsplaetze@gmeiner-verlag.de.

Bildverzeichnis:
Pixabay License/borkener 8; Susanne Kronenberg 10, 12, 14, 16, 18, 20, 22, 24, 26, 28, 30, 32, 36, 40, 42, 48, 52, 54, 56, 58 62, 64, 68, 70, 72, 74, 76, 78, 80, 82, 84, 86, 88, 90, 92, 94, 100; Tierpark Rheinböllen 34; Touristikbahn Wiesbaden 38; frauen museum wiesbaden 44; Mattiaqua, Eigenbetrieb für Quellen (Kaster) 46; Weitblick Naturerlebnis GmbH 50; Henkell & Co. Sektkellerei KG 60; UDO BERNHART 66; Römerkastell Saalburg 96; Freilichtmuseum Hessenpark 98; Markus Müller 102, 106, 108, 110, 112, 114, 116, 118, 120, 122, 134, 136, 140, 142, 168, 170, 172; Alexander Richter 104, 124, 126, 128, 144, 146, 148, 150, 152, 156, 158, 160, 162, 164, 174; J. Willwacher 130; Stöffelpark/Martin Rudolph 132; Westerwald-Brauerei 138; Westerwald Touristik-Service 154; Hotel Heinz 166

Besuchen Sie uns im Internet:
www.gmeiner-verlag.de

1. Auflage 2024

Im Ehnried 5, 88605 Meßkirch
Telefon 07575 20950
info@gmeiner-verlag.de

QR-Code einscannen
und kostenloses E-Book
anfordern.

Lektorat/Redaktion: Anja Kästle/Ricarda Dück
Herstellung: Julia Franze
Bildbearbeitung/Umschlaggestaltung: Susanne Lutz
unter Verwendung der Illustrationen von © SimpLine, Sylwia Nowik, VRD, Fiedels, paullouis, art_of_line, SG-design, askaja, Design Studio RM – stock.adobe.com; © Susanne Lutz
Kartendesign: Printmaps.net
Druck: AZ Druck und Datentechnik GmbH, Kempten
Printed in Germany
ISBN 978-3-8392-0619-5

Hunsrück

1 **Hermeskeil** • Informationszentrum des Naturparks Saar-Hunsrück
Natürlich mit Kultur 11

2 **Birkenfeld** • Landesmuseum Birkenfeld
Keltenkunst hinter neurömischen Mauern 13

3 **Hilscheid** • Skulptur *Windklang 816 M* auf dem Erbeskopf
Dem Rauschen lauschen 15

4 **Idar-Oberstein** • Historische Weiherschleife
Wasserkraft und Edelstein 17

5 **Bundenbach** • Traumschleife *Hahnenbachtaltour*
Vom Keltendorf zur Burgruine 19

6 **Stipshausen** • Idarkopfturm
Augenschmaus aus der Vogelperspektive 21

7 **Morsbach** • Archäologiepark Belginum bei Wederath
Schätze aus römischer Zeit 23

8 **Bernkastel-Kues** • Spaziergang durch die Altstadt
Wasser, Wein und Weitblick 25

9 **Traben-Trarbach** • Elfenpfad in Bad Wildstein
Wundersames Wurzelwerk, fallender Fels 27

10 **Mörsdorf** • Hängeseilbrücke Geierlay
Brückenträume in luftiger Höhe 29

11 **Kastellaun** • Burg Kastellaun
Trutzige Festung auf hohem Gestein 31

12 **Simmern** • Entdeckungen in der Stadt
Filme, Kunst und Schinderhannes 33

13 **Rheinböllen** • Tierpark Rheinböllen
Frischer Wind unter alten Wipfeln 35

Von Wiesbaden in den Taunus

14 **Wiesbaden** • Unterwegs mit den Bahnen *THermine und Lili*
Auf historischer Tour de Wiesbaden 39

15 **Wiesbaden** • Caligari FilmBühne
Nostalgie in des Doktors Cabinet 41

16 **Wiesbaden** • Kurpark
Begegnung mit Fjodor Dostojewski 43

17 **Wiesbaden** • Frauenmuseum
Weibliche Spurensuche 45

18 **Wiesbaden** • Kaiser-Friedrich-Therme
Nach römischem Vorbild 47

19 **Wiesbaden** • Theater thalhaus
Sternstunden im »Wohnzimmer« 49

20 **Wiesbaden** • Kletterwald Neroberg
Kletterpartien in luftiger Höhe 51

21 **Wiesbaden** • Ausflug ins Goldsteintal
Seltenheiten im Waldwiesental 53

22 **Wiesbaden** • Jagdschloss Platte
Ein Schirm für die Schlossruine 55

23 **Wiesbaden** • Tier- und Pflanzenpark Fasanerie
Wohngemeinschaft für Wölfe und Bären 57

24 **Wiesbaden** • Schloss Freudenberg
Erleben und Staunen 59

25 **Wiesbaden** • Sektkellerei Henkell
Sieben Stockwerke in den Untergrund 61

26 **Wiesbaden** • Rettbergsaue im Rhein
Reif für die Insel 63

Taunus

27 **Schlangenbad** • Erkundung des Kur- und Badeorts
Badevergnügen im Quellwasser 67

28 **Eltville am Rhein** • Kloster Eberbach
Im Namen der Rose 69

29 **Lorch am Rhein** • Landmuseum Ransel
Nach Großväter Art 71

30 **Lorch am Rhein** • Wispertalsteig in Espenschied
Aus den Tiefen zu den Höhen 73

31 **Heidenrod** • Wispersee
Raunen und rauschen im ruhigen Tal 75

32 **Bad Schwalbach** • Elisabethentempel im Kurort
Kaiserlich Baden und Entspannen 77

33 **Hohenstein** • Limesrundweg
Auf friedlichen Pfaden 79

34 **Hohenstein** • Burg Hohenstein
Trutzige Kulisse für Theaterfans 81

35 **Aarbergen** • Golfgreen Aarbergen
Abenteuer mit Bahnen und Bällen 83

36 **Hahnstätten** • Radfahren im Aartal
Radlerspaß am Wasserlauf 85

37 **Burgschwalbach** • Märchenwald Burgschwalbach
Knusper, knusper, knäuschen 87

38 **Taunusstein** • Kastell Zugmantel
Römische Spuren 89

39 **Idstein** • Erkundung der Altstadt
Fachwerk ist kein Hexenwerk 91

40 **Idstein** • Jazzfestival in der Altstadt
Taunusstadt der tausend Töne 93

41 **Niedernhausen** • Geoerlebnispfad Oberjosbach
Von Eiszeiten, Erdbeben und Erosionen 95

42 **Bad Homburg** • Römerkastell Saalburg
Von kaiserlichen Freuden und Funden 97

43 **Neu-Anspach** • Freilichtmuseum Hessenpark
Streifzüge durch die Vergangenheit 99

44 **Usingen** • Eschbacher Klippen
Kraxeln am Naturdenkmal 101

Westerwald

45 **Wetzlar** • Spaziergang durch die Altstadt
Goethe, Leica und ein Reichsgericht 105

46 **Mengerskirchen** • Probbacher Sauerborn
Die Sache mit dem Selterswasser 107

47 **Weilburg** • Weilburger Schifffahrtstunnel
Wie die Lahn durch den Felsen kam 109

48 **Villmar** • Lahn-Marmor-Museum
Vom Marmor, der gar keiner ist 111

49 **Limburg** • Lubentiusbasilika in Dietkirchen
Hier residierte der Bischof (nicht) 113

50 **Dornburg** • Eisstollen
Ewiges Eis unter dem Berg der Kelten 115

51 **Weltersburg** • Kranstein
Hier spuckte einst der Vulkan Feuer 117

52 **Gemünden** • Holzbachschlucht
Wasserkraft schafft sogar Basalt 119

53 **Greifenstein** • Burg Greifenstein
Wo fast 100 Glocken zu Hause sind 121

54 **Breitscheid** • Schauhöhle Herbstlabyrinth Breitscheid
Ein Bach verschwindet im Höhlensystem 123

55 **Willingen** • Die Fuchskaute
Das ist der Gipfel – rauf aufs Dach 125

56 **Daaden** • Barockkirche mit Kirchturmengel
Hallo, Engel 127

57 **Nistertal** • Birkenhof Brennerei
Nichts anbrennen lassen 131

58 **Enspel** • Stöffel-Park
Geologische Schatzkiste 133

59 **Rotenhain** • Alte Burg
Die wiedererstandene Motte 135

60 **Freilingen** • Freilinger Weiher
Fastenessen führte zum Freizeitparadies 137

61 **Hachenburg** • Westerwald-Brauerei
Bier und allerlei Brau-Erlebnisse 139

62 **Hachenburg** • Landschaftsmuseum Westerwald
Das kleine Dorf in der Löwenstadt 141

63 **Marienstatt** • Zisterzienserabtei Marienstatt
Bei den weißen Mönchen 143

64 **Steinebach** • Grube Bindweide und Barbaraturm
Frei atmen unter Tage 145

65 **Hamm** • Historische Raiffeisenstraße ab Hamm
Alle für einen, einer für alle 147

66 **Hennef** • Rundgang durch Blankenberg
Stadt ohne Stadtrecht 149

67 **Willroth** • Förderturm von Grube Georg
Held der Arbeit an der A 3 153

68 **Waldbreitbach** • Weihnachtsdorf
Ja, ist denn heut schon Weihnachten? 155

69 **Bad Hönningen** • Westerwaldsteig ab Bad Hönningen
Das grüne W der großen Fitness 157

70 **Leutesdorf am Rhein** • Weinberge
Die geteilte Königin 159

71 **Neuwied** • Festival der Currywurst
Hauptsache, scharf 161

72 **Bendorf** • Garten der Schmetterlinge in Sayn
1.001 Falter 163

73 **Höhr-Grenzhausen** • Keramikmuseum Westerwald
Eine Region macht in Ton 165

74 **Höhr-Grenzhausen** • Hotel Heinz
Fit, gesund und schön 167

75 **Moschheim** • Köppelturm auf der Montabaurer Höhe
Erinnerung an Rübezahl 169

76 **Montabaur** • Wüstung Sespenroth bei Reckenthal
Von Auswanderern und Holzskulpturen 171

77 **Gackenbach** • Wild- und Freizeitpark Westerwald
Wo sich Bär und Wisent Gute Nacht sagen 173

78 **Bad Ems** • Rundgang durch die Altstadt
Kränchen und Pastille 175

Hunsrück

Naturpark Saar-Hunsrück Informationszentrum
Trierer Straße 51
54411 Hermeskeil
06503 92140

Nationalparkamt Hunsrück-Hochwald
Brückener Straße 24
55765 Birkenfeld
06131 8841520

1 Natürlich mit Kultur

Informationszentrum des Naturparks Saar-Hunsrück

Wälder, Wiesen und Moore, Bachtäler und Felsformationen – vielfältige Landschaftsbilder prägen die Region zwischen den Höhen des Hunsrücks und den Weinbergen an Mosel, Saar, Ruwer und Nahe. Der Naturpark Saar-Hunsrück zählt zu den größten Naturparken Deutschlands. Eine Natur- und Kulturlandschaft, die zahlreichen Tier- und Pflanzenarten Schutz bietet und seit 2015 sogar eine Nationalparkzone umschließt. All das macht den Landstrich für naturbegeisterte Urlauber besonders attraktiv. Zudem wartet Historisches darauf, entdeckt zu werden: Vorgeschichtliche Menhire sowie keltische und römische Bauwerke sind stille Zeugen früher Besiedlungen. Burgruinen erinnern an die mittelalterliche Epoche.

Wie sich im 21. Jahrhundert ein Miteinander von Natur und Kultur gestalten kann, zeigt das Erlebnismuseum »Mensch und Landschaft« des Informationszentrums in Hermeskeil. Hier, im Herzen des Naturparks, wird das Thema Wald großgeschrieben und ansprechend für die ganze Familie vermittelt. Ein breites kindgerechtes Angebot an Projekten und Veranstaltungen steht unter dem Motto »Junge Naturforscherinnen und Naturforscher unterwegs«.

Hermeskeil ist für Naturliebhaber in doppelter Hinsicht interessant: Die Stadt liegt unweit des Nationalparks Hunsrück-Hochwald, der in den Naturpark Saar-Hunsrück eingebettet ist. Anders als in einem Naturpark, in dem neben Land- und Forstwirtschaft vor allem auch der Tourismus weiterhin wirken dürfen und sollen, darf sich die Natur im Nationalpark weitgehend unberührt entfalten. Entdeckungen sind dort dennoch gut möglich. Entweder auf eigene Faust auf einer der vielen Wanderrouten oder in Begleitung eines Rangers oder Nationalparkführers. Ob National- oder Naturpark: Das Erlebnismuseum in Hermeskeil bietet einen informativen Auftakt für jegliche Exkursionen in Wäldern und Wiesen.

Auf einem kurzweiligen Parcours durch Wohl und Wehe des Feuers! Das »feuerwehr erlebnis museum« befindet sich unmittelbar hinter dem Info-Zentrum und taucht tief in die Geschichte der Brandbekämpfung ein.

Landesmuseum Birkenfeld
Friedrich-August-Straße 17
55765 Birkenfeld
06782 9834575

Tourist-Information des Birkenfelder Landes
Friedrich-August-Straße 17
55765 Birkenfeld
06782 9834570

2 Keltenkunst hinter neurömischen Mauern

Landesmuseum Birkenfeld

Geschichtliches begegnet uns schon auf den ersten Blick: Ein römisches Landhaus stand Pate beim Bau des Landesmuseums Birkenfeld im Jahr 1910. Im Innern treffen wir auf die Kunst und Kultur der Kelten, die während des Übergangs von der Bronze- zur Eisenzeit im Hunsrück und an der Nahe lebten.

Wie diese Ur-Birkenfelder »zu Römern wurden« und was sie der Nachwelt hinterlassen haben, erfahren wir in der lehrreichen Dauerausstellung. Weitere Schwerpunkte bilden die mittelalterliche Herrscherfamilie der Birkenfelder Wittelsbacher und das Eisenhüttenwesen in der Zeit vom 14. bis zum 19. Jahrhundert. Dass Birkenfeld ab 1817 für 120 Jahre zum weit entfernt liegenden Oldenburg gehörte, ist ein überraschendes Detail der Präsentation. Wie es 1930 in der Schule zuging, erleben Kinder und Jugendliche im historischen Klassenzimmer. Die Schulstunde mit Schiefertafel und Gänsekiel ist Teil der modernen Museumspädagogik des Hauses, denn die »Geschichte zum Anfassen« bezieht unterschiedliche Themenschwerpunkte mit ein und richtet sich gezielt an Schulen. Auch junge Besucher, die gemeinsam mit ihren Eltern kommen, müssen sich nicht aufs Schauen beschränken. An den Mitmachstationen darf alles berührt und ausprobiert werden.

Wer die Materie tiefer ergründen möchte, begibt sich in die Bibliothek und das Archiv. Dort werden weitere historische Schätze gehütet. Wechselnde Sonderausstellungen ergänzen das Programm des Museums, für das der Verein für Heimatkunde im Landkreis Birkenfeld verantwortlich zeichnet. Der 1843 gegründete Verein gehört zu den ältesten Geschichtsvereinen Deutschlands und ist Eigentümer des Landesmuseums. Seit der Eröffnung präsentiert das Haus allen Interessierten seine umfangreiche Sammlung. Geschichte fasziniert – damals wie heute.

Wer mehr über die Sehenswürdigkeiten des Birkenfelder Landes erfahren möchte, wendet sich an die Tourist-Information, die sich im selben Gebäude befindet.

Skulptur Windklang
Wanderparkplatz
Erbeskopf
54426 Hilscheid

Café Bistro Hunsrückhaus
Nationalpark-Tor
Erbeskopf
54426 Hilscheid
06782 80997852

3 Dem Rauschen lauschen

Skulptur *Windklang 816 M* auf dem Erbeskopf

Ein sich intensiv steigerndes, langanhaltendes Brummen: So tönt der Hunsrücker Wind! Jedenfalls in diesem Moment und an dieser Stelle. Mit dem nächsten Schritt verändert sich der Klang sogleich. Die jederzeit begehbare Skulptur *Windklang 816 M* verspricht einen außergewöhnlichen Ohrenschmaus. Zusätzlich halten wir Ausschau: Bei klarem Wetter soll der Blick bis in die Vulkaneifel und hinüber zum Donnersberg in der Pfalz reichen. Die Augen dürfen sich sattsehen: am herrlichen Weitblick sowie an den klaren Linien und ausgewogenen Proportionen des Bauwerks, das sich seit 2011 auf dem Erbeskopf-Gipfel präsentiert. Lärchenholz umkleidet die Bauteile, die bis zu 16,50 Meter hoch in den Himmel ragen. Etwa auf halber Höhe führt ein 70 Meter langer Steg durch die Skulptur hindurch. Ihr Schöpfer ist der Bildhauer Christoph Mancke. Sein Entwurf konnte bei einem Ideenwettbewerb überzeugen.

Mit 816 Metern gilt der Erbeskopf als höchste Erhebung in Rheinland-Pfalz und lockt zur kalten Jahreszeit die Wintersportler herauf. Schneereich und eisig kann es hier oben werden. Die exponierte Lage über der Hunsrückhochfläche sorgt für das raue Klima, sodass auch im Sommer oftmals ein kühler Wind weht.

Der Erbeskopf befindet sich in der Kernzone des Naturparks Saar-Hunsrück und der Nationalpark Hunsrück-Hochwald liegt in Sichtweite. Kein Wunder also, dass sich der Berg als Ausgangspunkt mehrerer Wandertouren empfiehlt und zudem vom beliebten Fernwanderweg Saar-Hunsrück-Steig überquert wird. Wandern ist hier das ganze Jahr über angesagt. Eine Sommerrodelbahn, ein Hochseilgarten und ein hölzerner Aussichtsturm bereichern das touristische Angebot – in unmittelbarer Nachbarschaft eines militärischen Areals. Der Gesang des Windes lässt leicht vergessen, wie lebhaft es auf dem Gipfelplateau zugehen kann.

Einkehr im Hunsrückhaus bei Kaffee und Kuchen am Fuß des Erbeskopfs. Das angegliederte Nationalparkhaus zeigt ein »Fenster in den Nationalpark« und bietet ein Veranstaltungsprogramm.

Historische Weiherschleife
Tiefensteiner Straße 87
55743 Idar-Oberstein
06781 31513 und 901918
(Besichtigung nur
mit Führung)

Edelsteinminen Steinkaulenberg
Im Stäbel
55743 Idar-Oberstein
06781 47400
(Besichtigung nur mit
Führung, Anmeldung
erforderlich)

4 Wasserkraft und Edelstein

Historische Weiherschleife

Seit 500 Jahren sind erlesene Edelsteine und der Broterwerb der Idar-Obersteiner Bevölkerung eng miteinander verflochten. Bis heute behauptet sich die Edelstein- und Schmuckindustrie als bedeutender Wirtschaftszweig in der Stadt an der Nahe. Als Blütezeit früherer Handwerkskunst gilt die zweite Hälfte des 19. Jahrhunderts. Damals lagen allein am Idarbach in dichter Folge 56 von Wasserkraft betriebene Achatschleifmühlen, von denen einzig die Weiherschleife erhalten geblieben ist und heute als Museum dient. Bei einer Führung erhalten die Besucher einen Eindruck von der beschwerlichen Arbeit damals. Stundenlang lagen die Schleifer bäuchlings und mit dem Kopf nach unten auf ihren »Schleifkippstühlen«, um die Rohlinge mit Kraft und Geschick gegen die riesigen Sandstein-Schleifräder zu pressen. Ein Knochenjob, um das Geheimnis der Steine ans Licht zu bringen. Vor diesem Hintergrund ist die Edelsteinausstellung im Besucherzentrum noch beeindruckender. Eine Multimediashow ergänzt die Wissensvermittlung des Museums auf moderne Art und Weise.

Eine kurze Autofahrt führt uns zu einem Ursprungsort der kristallenen Schätze. Vom Parkplatz geht es ein Stück zu Fuß hinauf zum Steinkaulenbergwerk. Die Führung durch den Besucherstollen lässt zumindest erahnen, welche Plackerei die Bergleute einst auf sich nehmen mussten, um dem Gestein unter Tage die glitzernden Kostbarkeiten abzutrotzen. Die Schinderei wurde überfällig, als die heimischen Mienen erschöpft waren. Dass es Mitte des 19. Jahrhunderts dennoch weiterging mit der kunstvollen Schleiferei, ist findigen Hunsrücker Auswanderern zu verdanken. In Brasilien stießen sie auf Edelsteinbrocken, die einfach zu bergen waren. Die Neu-Brasilianer schickten ihre Achat-, Amethyst- und Jaspis-Funde als Schiffsfracht an die Verwandtschaft in der Heimat.

Das faszinierende Reich der Edelsteine im Deutschen Edelsteinmuseum und im Deutschen Mineralienmuseum erkunden, jeweils in Idar-Oberstein.

Traumschleife Hahnenbachtaltour
Parkplatz Schinderhannes Tränke (beim Besucher-bergwerk Herrenberg)
Anfahrt über Ringstraße
55626 Bundenbach

Informationen zu
Besucherbergwerk Herrenberg
Keltensiedlung Altburg
Ruine Schmidtburg
06544 9272

5 Vom Keltendorf zur Burgruine

Traumschleife »Hahnenbachtaltour«

Dank seiner Rundwanderwege namens »Traumschleifen« ist der Hunsrück ein wahres Wanderparadies und bietet je nach Kondition mal kurze oder lange, mal leichte oder herausfordernde Wegführungen. Für die »Hahnenbachtaltour« sollte man sich extra viel Zeit nehmen. Auf den 9,5 Kilometern warten als spannende Entdeckungen ein Schieferbergwerk und ein kleines Freilichtmuseum (bitte die jeweiligen Öffnungszeiten beachten). Das Highlight ist eine gigantische Burgruine, die von April bis Oktober zugänglich ist. All das, eingebettet in die bezaubernde Landschaft rund um Bundenbach, macht diese Tour besonders.

Vom Wanderparkplatz »Schinderhannestränke« führt der Weg hinter dem Besucherbergwerk Herrenberg hinauf zur Keltensiedlung Altburg, die eine Vorstellung von der Lebensweise der mythenumwobenen Ur-Hunsrücker vermittelt. Wo heute rekonstruierte Hütten stehen, stießen in den 1970er-Jahren Archäologen des Rheinischen Landesmuseums Trier bei Ausgrabungen auf eine späteisenzeitliche Höhenburg aus dem westkeltischen Kulturbereich. In der Zeit vom 3. bis 1. Jahrhundert vor Christus suchten die damaligen Bewohner Schutz hinter den Befestigungen. Das Freilichtmuseum stellt dar, wie die Anlage um 100 vor Christus ausgesehen hat.

Von der Wiese unterhalb der Altburg eröffnet sich eine schöne Aussicht auf die Schmidtburg. Der Höhepunkt der Wanderung scheint zum Greifen nah, die Tour schlägt jedoch einen weiten Bogen bis zu diesem Etappenziel. Wer zwischen den Mauerresten spaziert, ahnt bald, weshalb die Anlage einst zu den größten Burgen im Hunsrück gehörte. Errichtet wurde die Festung im Jahr 926, zerstört im 17. Jahrhundert. Insgesamt ist die »Hahnenbachtaltour« eine abwechslungsreiche Strecke, die Kinder für das Wandern begeistern kann und selbst Frischluftmuffel ins Freie zieht.

Die Tour streift das Hotel Forellenhof, wer mag, kehrt im Restaurant ein oder übernachtet in einem der 28 Zimmer.

Idarkopfturm
Wanderparkplatz
Idarwald
55758 Stipshausen

Nationalparkbus

6 Augenschmaus aus der Vogelperspektive

Idarkopfturm

Stufe für Stufe schraubt sich die Wendeltreppe hinauf, bis nach 28 Höhenmetern die Aussichtsplattform erreicht ist. Wie ein Vogelnest breitet sich das Plateau zwischen drei mächtigen Holzstreben aus. Ein Eindruck, den das ineinander verschränkte Holzgeländer anschaulich unterstreicht. Die Spitzen der Tragekonstruktion reichen noch drei Meter weiter in den Himmel über dem Idarkopf, der mit 746 Metern zu den höchsten Erhebungen in Rheinland-Pfalz zählt. Ein Superlativ, der den Berg einst zum beliebten Skigebiet kürte. Mittlerweile verbringen vor allem Wanderer und Radfahrer ihre Freizeit in den umliegenden Wäldern. Als Höhepunkt einer Tour lockt, im wahrsten Sinn des Wortes, der Idarkopfturm, der nur zu Fuß oder per Rad zu erreichen ist. Recht nah liegt der Wanderparkplatz Idarwald bei Stipshausen. Alternativ bietet sich die Anreise mit dem Nationalparkbus (Linie 890) zur Haltestelle »Bikepark Idarkopf, Stipshausen« an.

Mit der Eröffnung im Dezember 2022 eroberte das ausgeklügelte Bauwerk aus Holz und Stahl alsbald seinen Ruf als neues Wahrzeichen des Idarwalds. Ein niedrigerer Aussichtsturm hatte seinen Besuchern an diesem Ort für 38 Jahre treu gedient, bis zwei jugendliche Raucher im Oktober 2018 einen Brand ausgelöst hatten, gegen den selbst eine Hundertschaft von Feuerwehrkräften machtlos gewesen war. Der beschädigte Turm drohte einzustürzen und war nicht zu retten. Auf der neuen Plattform genießen Besucher den freien Blick über den Hunsrück und das Nahetal. Wer sich nicht hinaufwagt, darf sich von unten an der durchdachten Konstruktion erfreuen. Auch die Architektur selbst ist sehenswert. 80 bis 100 Jahre wird der Turm, so die Einschätzung seiner Erbauer, seine Stabilität behalten. Bleibt zu hoffen, dass er von jugendlichem Leichtsinn verschont wird.

Wandern macht bekanntlich hungrig. Appetit auf »Grumberewurschd« oder »Gefillde Klees«? Oder lieber den originalen Spießbraten kosten? Gastronomie-Adressen finden Sie auf der Website des Birkenfelder Landes.

Kulturzentrum
Archäologiepark Belginum
Keltenstraße 2
54497 Morbach-
Wederath
06533 957630

7 Schätze aus römischer Zeit

Archäologiepark Belginum bei Wederath

Ein Museum inmitten der freien Landschaft? Der abgelegene Standort kommt nicht von ungefähr. Auf dieser Hochfläche befanden sich einst römerzeitliche Siedlungen, Tempelbezirke, Militärlager und römisch-keltische Gräberfelder im Kreuzungsbereich zweier wichtiger Fernstraßen. Das 2002 eröffnete Kulturzentrum informiert in seinen Ausstellungen eindrücklich über diese geschichtlich höchst bedeutsame Stätte. Wo heute das Museum steht, lag einst das antike Straßendorf Belginum. Im »Vicus« lebten römische Siedler und begruben ihre Toten auf dem angrenzenden Friedhof. Die Menschen wohnten in länglichen, barackenartigen Gebäuden, die über einen Keller verfügten und deren Fachwerkwände auf gemauerten Sockeln aufsaßen. Gärten, ein Tempel und ein kleines Kulttheater waren typische Bestandteile einer solcher Siedlung und ließen sich auch an diesem Ort nachweisen. Dank Brunnen, Zisternen und Abwasserkanälen genossen die Dorfbewohner eine durchdachte Wasserversorgung.

Wie sich der Alltag in damaliger Zeit gestaltete, zeichnet das Museum anhand von Funden aus der Region sowie mit Leihgaben aus den Sammlungen des Rheinischen Landesmuseums Trier anschaulich nach. »Leben an einer Fernstraße« lautet das Leitmotiv der Ausstellung. Auf dem Rundgang erfahren Besucher, wie die Menschen nach Belginum gelangten, um ihre Ernte zu verkaufen oder ihre Fähigkeiten als Handwerker anzubieten. Werkzeuge aus Eisen wurden während der jahrzehntelangen Grabungen auf dem einstigen Siedlungsgebiet und im Gräberfeld gefunden. Seit 1954 erforschen Historiker und Archäologen das Areal rund um Wederath, Hundheim und Hinzerath. Das Museum widmet sich daher auch dieser wissenschaftlichen Perspektive und gibt Einblicke in die archäologische Arbeit: Was macht »Müllreste« so spannend? Was können Luftbilder preisgeben? Antworten darauf ergänzen das Repertoire des Archäologiezentrums.

Kinder und Jugendliche können ihr Wissen anhand von Fragebögen vertiefen und auf dem Spielplatz römische Spiele ausprobieren. Was Familien dafür brauchen, gibt es an der Museumskasse.

Spaziergang durch die Altstadt
Startpunkt:
Mosel-Gäste-Zentrum
Tourist-Information
Gestade 6
54470 Bernkastel-Kues
06531 500190

Burg Landshut
Restaurant und
Weinstube
54470 Bernkastel-Kues
06531 5005900

8 Wasser, Wein und Weitblick

Spaziergang durch die Altstadt

In steilen Spitzkehren schrauben sich die Serpentinenstraßen aus den urwüchsigen Wäldern des Hunsrücks hinab nach Bernkastel-Kues. Das Städtchen glänzt mit der beschaulichen Lage an der Mosel und den kulinarischen Genüssen seiner Gasthäuser, Cafés und Weinstuben. Welcher Urlauber mag den Tag nicht hier bei einem Glas Wein ausklingen lassen?

Beim Bummeln durch die Altstadt wird die Vergangenheit lebendig. Ein Blickfang am Marktplatz ist das Bernkasteler Rathaus, gebaut 1608, mit seiner prächtigen Fassade aus der Spätrenaissance. Der Pranger am linken Eckpfeiler erinnert an die frühere Abschreckungsmaßnahme, Menschen wegen Verfehlungen vor aller Augen an eine Schandsäule zu ketten. In der Nachbarschaft des Rathauses entdecken wir das Spitzhäuschen, das zu den ältesten Fachwerkbauten der Mittelmosel zählt und sich mit schmalem Erd- und deutlich breiteren Obergeschossen seit 1416 in diesem Gässchen behauptet. Es beherbergt eine Weinstube.

Weiter zurück in die Vergangenheit, bis ins Jahr 993, führen die Ursprünge der Burg Landshut, deren Ruine sich über der Altstadt erhebt. Zuvor hatten die Römer auf dem Bergrücken ein Kastell errichtet. In den Sommermonaten kann die Burgruine besichtigt werden – auch im Rahmen einer Führung (Anmeldung im Mosel-Gäste-Zentrum). Hinauf geht es per Auto oder mit dem Oldtimerbus, dem Landshut-Express. Oder zu Fuß. Eine fantastische Aussicht belohnt den halbstündigen Aufstieg. Auch für das leibliche Wohl ist bei Bedarf gesorgt, denn innerhalb der Gemäuer befindet sich ein Restaurant mit Weinstube. Zurück in der Stadt spazieren wir durch den Stadtteil Kues zum Cusanus-Geburtshaus. Ein kleines Museum erinnert an Nikolaus von Kues (1401–1464), ein bedeutender Philosoph des 15. Jahrhunderts.

Lust auf Wein? Die örtlichen Winzer bieten hervorragende Moselweine. Weinfeste und -proben, offene Keller und Vinotheken laden zum Kosten und Genießen ein. Termine und Adressen gibt es auf der Website der Stadt.

Elfenpfad Bad Wildstein
Startpunkt: Großparkplatz
Moseltherme
Wildbadstraße
56841 Traben-Trarbach
OT Bad Wildstein

Moseltherme Traben-Trarbach
Wildsteiner Weg 5
56841 Traben-Trarbach
06541 83030

9 Wundersames Wurzelwerk, fallender Fels

Elfenpfad in Bad Wildstein

Auf verschlungenen Wegen führt uns der Elfenpfad hinauf zu einem rätselhaften Steingebilde und wieder zurück. Eine kleine, feine Wanderung. Etliche Tafeln machen auf besondere Wurzelstöcke, Baumwuchsformen und Moose aufmerksam, die unsere Fantasie herausfordern. Ob sich in der knorrigen Borke ein Waldgeist verbirgt?

Wir beginnen die Tour in Bad Wildstein, einem Stadtteil Traben-Trarbachs, der sich in ein tiefes Tal der Trarbacher Schweiz schmiegt. Als Startpunkt empfiehlt sich der Großparkplatz der Moseltherme, der zugleich einen Einstieg in die 16 Kilometer lange Moselsteig-Wanderung »Seitensprung Moselschanzen« ermöglicht. Unser Ziel bleibt der deutlich näher gelegene Wildstein, auf den rote Schilder hinweisen. Zunächst folgen wir dem Fußweg zur Moseltherme, die wenige Minuten später vor uns liegt. Wir wenden uns hinter einer Brücke nach links, gelangen in einen Tunnel aus Grün und folgen bergan den schmalen Pfaden, die bei Nässe rutschig sein können. Feste Schuhe sind vorteilhaft. Der Fernblick auf die felsige Bischofsmütze lädt zu einer Rast ein.

Nach einem steileren Anstieg erreichen wir den Wildstein, dessen ursprüngliche Bedeutung ungeklärt ist. Fest steht, seine derzeitige Form wurde nicht von der Natur gestaltet. Abbildungen aus dem 17. Jahrhundert zeigen ihn als einen aus Findlingen aufgeschichteten Turm. Drei längliche, sich stützende Steine bildeten den Sockel für vier aufeinander gestapelte Quader. Darauf thronte quer ein größerer Felsbrocken. Wer mag dieses Gebilde einst errichtet haben und zu welchem Zweck? Fragen, die einen Trarbacher Gymnasiasten anscheinend wenig kümmerten. Vielmehr war er an Hebelgesetzen interessiert und soll den Steinturm im Jahr 1730 mittels neu erworbener Physikkenntnisse zum Einsturz gebracht haben.

Badesachen einpacken und nach dem Wandern im Thermalwasser entspannen. Oder in der Sauna relaxen. Wer noch nicht genug Bewegung hatte, krault durchs Sport- und Außenbecken der Moseltherme.

Hängebrücke Geierlay
Startpunkt Rundweg
Geierlayschleife:

Besucherzentrum Geierlay
Kastellauner Straße 23
56290 Mörsdorf
06762 9034080

10 Brückenträume in luftiger Höhe

Hängeseilbrücke Geierlay

Ein wenig zumindest möchte die Geierlay erobert werden, denn ab Mörsdorf geht es nur per pedes zur Hängeseilbrücke. Mit jedem Schritt steigt die Vorfreude auf das filigrane Bauwerk, das sich mit einer Länge von 360 Metern und in einer Höhe von 100 Metern über das Bachtal zwischen den Ortschaften Mörsdorf und Sosberg spannt und Schwindelfreie zur Überquerung einlädt. Mutiger Blick in die Tiefe inklusive!

Welche Möglichkeiten gibt es, um das Dorf voranzubringen, fragte sich eine Gruppe engagierter Mörsdorfer Bürger bei einem Workshop in Jahr 2006. Warum nicht mit einer Hängeseilbrücke nach nepalesischem Vorbild? Eine Idee, die sich ebenso famos wie utopisch anhörte. Drei einheimische »Brückenträumer« ließen sich trotz aller Vorbehalte nicht beirren und forcierten die Pläne aus eigenem Antrieb. 2010 ließ der Gemeinderat prüfen, ob und wie sich ein solches Gebilde realisieren ließe. Im Mai 2015 war es so weit: Die Arbeiten starteten und nur sechs Monate später spazierten die ersten Wanderer über die elegante Konstruktion. Die Geierlay-Brücke lässt sich einfach so besuchen oder im Rahmen kleinerer Rundwege überqueren. Abenteuerspaß ist garantiert! Wer auf den Adrenalinkick verzichten möchte, nimmt einen Umweg durch das Tal. Zudem ist die Brücke ein kurzer, aber spannender Streckenabschnitt des Saar-Hunsrück-Steigs. Drei attraktive »Traumschleifen« (Dünnbachpfad, Masdascher Burgherrenweg und Layensteig Strimmiger Berg) führen dicht daran vorbei.

Was vor Jahren als kühne Idee in einem Workshop begann, gipfelte in einem beeindruckenden Bauwerk. Übrigens zählte auch bei der Namensfindung Eigeninitiative: Der Name »Geierlay« ergab sich aus einem Wettbewerb und passt bestens, stammt die Bezeichnung doch von der Gemarkung unterhalb der Brücke.

Infos zu Buslinien und Parkplätzen in Mörsdorf gibt es auf der Website der Brücke. Wissenswertes über die Hunsrücker Traumschleifen und Tourenbeschreibungen bietet Rheinland-Pfalz Tourismus.

Burg Kastellaun mit Haus der regionalen Geschichte
Unterburg Kastellaun
56288 Kastellaun
06762 407214

Tourist-Information Ferienregion Kastellaun
Marktstraße 16
56288 Kastellaun
06762 401873 oder 401698

11 Trutzige Festung auf hohem Gestein

Burg Kastellaun

Der Hunsrück ist reich an Burgen, deren Ruinen ihre einstige Pracht erahnen lassen. Um die 60 mittelalterlichen Festungen lassen sich in der Region ausmachen. Auch das Städtchen Kastellaun darf sich eines einst bedeutenden Herrensitzes rühmen. Kaum mehr als ein Katzensprung ist der Weg aus der Altstadt hinauf zur Burg Kastellaun. Vermutlich näherte sich das 12. Jahrhundert seinem Ende, als die damaligen Herrscher auf einem steilen Felsareal die Grundsteine setzen ließen. Eine urkundliche Erwähnung der Stadt Kastellaun aus dem Jahr 1226 lässt annehmen, dass sich die Burg zu diesem Zeitpunkt im Besitz der Grafen von Sponheim befand. Andere Herrscherfamilien, die in den folgenden Jahrhunderten die Gemäuer umbauten und zum Zweck der Verteidigung erweiterten, schlossen sich an. Wie die Anlage während der unterschiedlichen Bauphasen aussah, erläutern Schautafeln, die den Rundgang durch die Mauerreste begleiten.

Während des Dreißigjährigen Kriegs (1618–1648) übernahmen Spanier, Schweden, Lothringer, Hessen und Franzosen das Regiment in der Stadt. 1689 erlebten die Kastellauner Bürger und Herrscherfamilie ein dramatisches Ereignis. Im Strudel des Pfälzischen Erbfolgekriegs zerstörten die Truppen Ludwigs XIV. Stadt und Burg. Knapp 200 Jahre später, im Jahr 1884, gelangten die Überbleibsel der Festung in den Besitz der Gemeinde, die erste Erhaltungsmaßnahmen durchführen ließ. Wie sich die Anlage heute präsentiert, ist den grundlegenden Sanierungsarbeiten in den 1990er-Jahren zu verdanken.

Ein Streifzug durch die Burgruine macht neugierig. Um das Wissen über die Ritter- und Adelsfamilien zu vertiefen, empfiehlt sich der Besuch im »Haus der regionalen Geschichte«. Das 2007 eröffnete Museum befindet sich gleich nebenan in der Unterburg und zeichnet unter anderem die Historie der Stadt und Burg bis ins 20. Jahrhundert nach – lohnenswert für Groß und Klein!

Die Tourist-Information bietet spannende Gästeführungen an. In ihrer Regiothek gibt es zudem Likör, Gelee, Öl, Honig und andere regionale Leckerbissen zu kaufen.

Stadtspaziergang
Startpunkt:
Tourist-Information
Simmern-Rheinböllen
Schlossplatz 4–8
55469 Simmern/Hunsrück
06761 837299

Hunsrück-Museum
Schlossplatz
55469 Simmern/Hunsrück
06761 837401

12 Filme, Kunst und Schinderhannes

Entdeckungen in der Stadt

Wer im Hunsrück unterwegs ist, stößt allerorts auf das Werk und den Namen des Regisseurs Edgar Reitz, der seiner Heimat mit einem fulminanten Jahrhundert-Epos ein cineastisches Denkmal setzte. Die Spielfilmzyklen *Heimat, Die Zweite Heimat, Heimat 3* und *Die andere Heimat* erzählen Episoden der Familie Simon von der Mitte des 19. Jahrhunderts bis zum Jahr 2000. Gedreht wurde von den 1980er- bis in die 2010er-Jahre überwiegend im Hunsrück. Das Dorf Schabbach, um das sich die meisten Geschichten ranken, ist filmische Fiktion. Die Schauplätze anderer Szenen können im realen Leben erkundet werden. Wie die Stadt Simmern im Herzen des Hunsrücks, die den Regisseur, der dort im Schultheater mitwirkte und Abitur machte, 2022 mit dem Edgar-Reitz-Filmhaus am Römerberg ehrte. Wer die Ausstellung besuchen möchte, sollte sich zuvor über die seltenen Öffnungszeiten informieren. Mit den *Heimat Europa Filmfestspielen* erweist sich das Thema Kino als eine Herzensangelegenheit einheimischer Kulturbegeisterter und Gäste von nah und fern. Hinter dem Filmfest steht das Programmkino »Pro-Winzkino« in der Marktstraße, das seit Jahrzehnten von einem Verein betrieben wird.

Filmreif wäre wohl auch die Flucht des Johannes Bückler gewesen. 1799 gelang es dem »Schinderhannes«, sich ein halbes Jahr nach seiner Festsetzung in Simmern aus seiner Zelle zu befreien. Der Gefängnisturm, ein Relikt der ehemaligen Stadtbefestigung, wird deswegen Schinderhannesturm genannt. Weiter zurück als in die Zeiten des legendären Räubers führt ein Gang über die restaurierte Stadtmauer, deren Ursprünge im 14. Jahrhundert liegen. Im Neuen Schloss aus dem frühen 18. Jahrhundert befindet sich heute das Hunsrück-Museum, ein sehenswertes Regionalmuseum. Die Kunstsammlung des Malers Friedrich Karl Ströher sowie Sonder- und Wechselausstellungen ergänzen das Programm.

Zu einem Ausflug ins Grüne locken der Simmersee mit Spazier- und Wanderwegen und eine Stärkung im Wirtshaus und Gasthaus Domäne am See.

Tierpark Rheinböllen
Am Tierpark 1
55494 Rheinböllen
06764 899450

13 Frischer Wind unter alten Wipfeln

Tierpark Rheinböllen

Mit etwas Glück erhascht man im Tierpark Rheinböllen einen Blick auf rund 35 Tierarten. Die frühere Bezeichnung »Hochwildschutzpark« erinnert daran, dass die weitläufigen Gehege in den 1960er-Jahren für heimische Wildtiere angelegt worden waren. Im Lauf der Zeit zogen Braunbären, Wölfe und Luchse als Vertreter der großen, ursprünglich in Europa beheimateten Beutegreifer ein. Auch Greifvögel und Eulen sind hier zu Hause. Mittlerweile beherbergt der Park auf 76 Hektar zudem seltene Haustierrassen wie das vierhörnige Jakobschaf. Die possierlichen Erdmännchen und flinken Bennett-Kängurus zählen zu den exotischen Bewohnern.

Seit 2020 weht ein frischer Wind im Tierpark. Junge Menschen für die Natur zu begeistern, ist eine Herzensangelegenheit der neuen Leitung und so wurde die Tierparkschule ins Leben gerufen. Im Tierpfleger-Workshop dürfen die Kinder und Jugendlichen einem Tierpfleger über die Schulter schauen und seine Schützlinge hautnah erleben. Noch intensiver wird das Erlebnis während einer kompletten Ferienwoche. Vor allem, wenn ein nächtlicher Ausflug zu den Wölfen führt. Auch ohne einen speziellen Event macht der Gang durch den Park viel Freude. Auf knapp drei Kilometern erblickt man viele Tiere und genießt die Aussicht in die umliegende Landschaft des Hunsrücks. Viele Wege führen ohne trennende Zäune durch die Gatter hindurch. Sogar ein kleiner See gehört zum Gelände.

Wer vom Schlendern hungrig geworden ist, stärkt sich im Waldbistro oder nimmt sich von dort einen gut gefüllten Picknickkorb mit. Sogar die Tiere dürfen verwöhnt werden. Wo und womit gefüttert werden darf, verraten die Markierungen an den Zäunen. Nach diesem tierischen Vergnügen geht's für die Jüngsten zum Toben auf den Spielplatz. Und was ist mit den vierbeinigen Familienmitgliedern? Hunde sind im Tierpark Rheinböllen willkommen, der rund ums Jahr geöffnet ist.

Weinwanderungen, Whisky Tasting und Frühstück im Park sprechen die kulinarischen Sinne der Besucher an. Genuss aus der Region!

Von Wiesbaden in den Taunus

Bahntour mit »THermine und Lili«
Start: Haltepunkt Markt
Marktplatz
65183 Wiesbaden

Touristikbahn Wiesbaden
Fritz-Haber-Straße 7
65203 Wiesbaden
0611 58939464

14 Auf historischer Tour de Wiesbaden

Unterwegs mit den Bahnen *THermine und Lili*

Seit 2003 fügt sich die weinrot-glänzende *THermine* ins Wiesbadener Stadtbild wie Kochbrunnen, Kurhaus und Russische Kirche. Einige Jahre später gesellte sich die blau-weiß-gelbe Dreililienbahn *Lili* dazu. Zwei Lieblingsplätze, die mit höchstens 25 Stundenkilometern voranrollen und dem Fahrgast alle Muße bieten, die Stadt aus ungewohntem Blickwinkel zu entdecken. Angefangen hatte alles mit einer Reise nach Baden-Baden, die der Wiesbadener Andreas Wagner bei einem Radio-Quiz gewonnen hatte. Nach einer Fahrt mit der dortigen Kleinbahn stieg er mit der Idee wieder aus: »Das wäre was für Wiesbaden!«

Bis alles auf festen Füßen stand, sollten Monate vergehen. Heute ziehen *THermine* und *Lili* nicht allein Touristen an. »Viele Wiesbadener sind mehrmals im Jahr dabei und sehen sich mit leuchtenden Augen um«, weiß Andreas Wagner, der sich gern selbst hinters Steuer setzt. Die Route verläuft abseits der üblichen Bus- und Autostrecken, führt durch Villenviertel und verbindet die Sehenswürdigkeiten der Stadt. Unterwegs genügt es Andreas Wagner keinesfalls, nur pure Fakten zu präsentieren. Vor allem möchte er die Fahrgäste bestens unterhalten, sie für eine Stunde aus ihrem Alltag entführen. Einige Takte klassischer Musik machen zum Beispiel auf eine Villa aufmerksam, die Johannes Brahms im Sommer 1883 bewohnte. Damit die Jüngsten mit Spaß bei der Sache bleiben, verfasste Andreas Wagner für spezielle Kindertouren sogar ein Hörspiel. Der Wiesbadener Moderator und Schauspieler Nick Benjamin, der auch alle übrigen Texte sprach, stellt sich darin als geduldiger »Großvater« den kecken Fragen seiner »Enkelin« Maxi. Die Vorlage dafür lieferte ein Kinderbuch, das Andreas Wagner geschrieben hat: *THermine und das verschwundene Bild.*

Es sind auch die kleinen Dinge, die den Ausflug mit *THermine* und *Lili* zum Erlebnis machen. Wie der Schaffner mit Umhängetasche, der die Fahrkarten abknipst.

Die Haltestellen liegen am Markt (vis-à-vis der Tourist-Information), an der Russischen Kirche und am Fuß der Nerobergbahn. Tickets sind beim Fahrer und im Touristenbüro erhältlich.

Caligari *FilmBühne*
Marktplatz 9
65183 Wiesbaden

15 Nostalgie in des Doktors Cabinet

Caligari FilmBühne

»Immer deutlicher spürte man in letzter Zeit die Versuche denkender Filmregisseure, den Film in neue, weiterführende Wege zu leiten«, schrieb ein Filmkritiker zur Premiere, und ein Kollege urteilte über dasselbe Werk: »Sein wirklicher Wert liegt darin, dass mit ihm ein völlig neuer, und künstlerisch neuer, Entwicklungsabschnitt des Films erreicht ist.« Lobende Worte über ein expressionistisches Kunstwerk, das im Jahr 1920 Filmgeschichte schrieb. Und nach dem die Wiesbadener *FilmBühne* ihren Namen erhielt: *Das Cabinet des Dr. Caligari.*

Kinofreunde und Filmbegeisterte können gar nicht daran vorbei: An der *Caligari FilmBühne*, kurz »Caligari« genannt, die mit ihrem Namen nicht allein an ein filmisches Meisterwerk erinnert, sondern das Publikum mit cineastischen Kostbarkeiten verwöhnen möchte. Die Klassiker gehören ebenso zum Repertoire wie zeitgenössische Filme, unter anderem Werke viel versprechender Nachwuchs-Regisseure, die sich gemeinsam mit renommierten Filmemachern in einem der Filmfestivals verschiedener Genres vorstellen dürfen. Wie das *FernsehKrimi-Festival,* das *exground filmfest* oder *GoEast,* das mittel- und osteuropäische Filme ins Blickfeld der westlichen Öffentlichkeit rückt, und andere mehr. Und das alles in einem festlichen Erscheinungsbild, das dem Anspruch des Programms gerecht wird: Im denkmalgeschützten Haus ein Saal, dessen Stuckdecke in dynamischen Wellen über die rot beplüschten Sessel hinwegschwingt. Mit einem Stummfilmtheater fing es an. 1926 im Schatten der Marktkirche aufwendig und dem Zeitgeschmack entsprechend im neogotischen Stil gebaut: das *Ufa im Park.* In der Nachkriegszeit zog der Stil der 50er-Jahre ein. Besagte Stuckdecke entstammt einer solchen Renovierung und fügt sich ansprechend in die ursprüngliche Gestaltung ein. Nach diesem Prinzip, die vorhandenen Elemente bestehen zu lassen, ließ die Stadt Wiesbaden das Kino 1990 instand setzen. Das Caligari fühlt sich eben nicht allein der Kunst im Film, sondern auch der Architektur verpflichtet, wie die Verleihung des Hessischen Denkmalschutzpreises beweist.

Kunterbuntes Kinderkino: Zur Geburtstagsfeier mit allen Freundinnen und Freunden ins *Caligari!* Oder wie wäre es mit einem Familienkinonachmittag am Wochenende?

Kurpark Wiesbaden
Hinter dem Kurhaus
Kurhausplatz 1
65189 Wiesbaden

Tourist-Information
Marktplatz 1
65183 Wiesbaden
0611 1729930

16 Begegnung mit Fjodor Dostojewski

Kurpark

Der Romanheld findet keinen Sinn für die Schönheiten der Natur, sobald ihn die Spielsucht ins Kasino treibt, schreibt der Dichter, der selbst nicht vom Glücksspiel lassen kann. In Wiesbaden riskiert er sein gesamtes Vermögen. *Der Spieler,* 1866 erschienen, besitzt einen autobiografischen Hintergrund. Bis heute ist nicht eindeutig geklärt, ob »Roulettenburg« für Wiesbaden oder vielleicht doch für Bad Homburg steht. Ob Fjodor Dostojewski Muße für den Wiesbadener Kurpark hatte? Dort erinnert eine Büste an den bedeutenden russischen Schriftsteller.

Es birgt eine gewisse Ironie in sich, dass der russische Bildhauer Gabriel Glikam dem Wiesbadener Spielcasino zum 225-jährigen Bestehen ausgerechnet eine Büste jenes Mannes zum Geschenk machte, der hier 1871 alles verlor und sich anstatt warmer Mahlzeiten nur heißen Tee leisten konnte. Die Not trieb den russischen Dichter Fjodor Dostojewski, einen der bedeutendsten Schriftsteller des 19. Jahrhunderts, schließlich hinauf zur Russischen Kirche auf den Neroberg. Mit priesterlichem Beistand entschloss er sich, der Spielsucht die Stirn zu bieten. »Jetzt ist es zu Ende, dies ist das allerletzte Mal gewesen, glaubst du, dass meine Hände jetzt frei sind?«, soll er seiner Frau geschrieben haben. Und er hielt Wort. Sein Abbild befindet sich seit 1996 im Kurpark: Auf dem »Nizza-Plätzchen«, hinter dem jene Säulen aufragen, die einst das klassizistische Kurhaus stützten, das dem Bau des jetzigen Gebäudes im Jahr 1907 weichen musste. Nach dem Vorbild englischer Landschaftsgärten wurde der Kurpark 1852 angelegt. Ein Spaziergang bietet erholsame Ruhe zwischen viel Grün, alten Bäumen und dem Plätschern des Bachlaufs, der in den Kurparkteich mündet. In die Stille mischt sich bisweilen lautstarkes Krächzen. Hin und wieder flattert ein Schwarm Großsittiche vorüber, die sich hier vor Jahrzehnten angesiedelt haben. Was wohl Dostojewski mit ihnen angefangen hätte, wären die exotischen Vögel schon 100 Jahre früher im Kurpark heimisch gewesen? Vielleicht hätte sich »der Spieler« zu einem Blick nach oben verlocken lassen und seinen Drang ins Casino für einen Moment vergessen.

Der Kurpark beginnt hinter dem Kurhaus. Dem umzäunten Areal fügt sich als schmales grünes Band das Rambachtal an. Hier kann man bis nach Sonnenberg und weiter spazieren.

frauen museum
Wiesbaden
Wörthstraße 5
65185 Wiesbaden
0611 3081763

17 Weibliche Spurensuche

Frauenmuseum

Seit der Eröffnung im Jahr 1984 schlägt das *frauen museum wiesbaden* den Bogen zwischen Vergangenheit, Gegenwart und Zukunft in gesellschaftlichen wie in künstlerischen Themen, die Männer wie Frauen betreffen. Dabei stehen, anders als in »herkömmlichen« Museen, die Leistungen der Frauen im Fokus. Ein Drittel der Besucher seien Männer und herzlich willkommen, heißt es, womit einem Vorurteil der Wind aus den Segeln genommen wird.

Hinter dem *frauen museum wiesbaden* steht eine private Initiative. 1982 schlossen sich in der Frauenbewegung engagierte Frauen zur *frauenwerkstatt wiesbaden e.V.* zusammen. Eva Schuster, bis heute ins Museum eingebunden, erinnert sich an die Anfänge: »Wir boten Kulturbildung und organisierten zum Beispiel Kurse für Mädchen und Frauen als Einstieg in den Beruf. Und die politische Situation war uns wichtig. Wir führten Workshops und Podiumsdiskussionen durch.« Die Frauen sahen sich in der Nachfolge jener Wiesbadener Bürgerinnen, die ab 1850 um ihre Rechte gekämpft hatten, und widmeten diesen eine erste Ausstellung; damals noch in der Nerostraße. »Das Interesse war groß, und schnell zeigte sich, dass die Räume nicht ausreichten. Außerdem wollten wir Künstlerinnen die Möglichkeit zum Ausstellen bieten.« 1991 bezieht das *frauen museum wiesbaden* ein früheres Lagerhaus in der Wörthstraße. Auf 600 Quadratmetern finden wechselnde Ausstellungen von Künstlerinnen sowie Präsentationen zu verschiedenen Themen Platz. Es ist ein Zufall, dass die Hofeinfahrt in Blickrichtung der vier Frauenstatuen des benachbarten Baudenkmals *Höppli-Haus* liegt. Und zugleich ein Symbol, das nicht passender sein könnte für ein Museum, dessen dritter Schwerpunkt – neben der Frauenstadtgeschichte und Frauenkunst – in der weltweiten weiblichen Kulturgeschichte liegt. Diesem Thema widmet sich eine Dauerausstellung mit Frauen- und Göttinnenfiguren aus der Frühgeschichte bis heute. Mittlerweile umfasst die archäologische Sammlung um die 400 Exponate.

Neben den Ausstellungen präsentiert das *frauen museum wiesbaden* eine Reihe weiterer Veranstaltungen, Seminare, Stadtrundgänge und Projekte. Der Blick ins Programm lohnt sich!

Kaiser-Friedrich-Therme
Langgasse 38–40
65183 Wiesbaden
0611 317060

18 Nach römischem Vorbild

Kaiser-Friedrich-Therme

Einem Thermalbad, das über den Grundmauern eines römischen Schwitzbades errichtet wurde, sei der Anspruch zugebilligt, Außergewöhnliches zu bieten. Ein Anspruch, den die Kaiser-Friedrich-Therme allemal erfüllt. Das Angebot für die Entspannung suchenden Gäste steht in der Tradition des antiken Vorbildes. Ergänzt von angenehmen Neuerungen wie einer tropischen Eisregenzone und Sauna-Variationen. Ein vielfältiges Wellness- und Verwöhnprogramm inmitten der anmutigen Architektur des Jugendstils.

Schon vor den Römern wussten die ganz frühen Wiesbadener die heißen Quellen zu nutzen. Als man in den 1950er-Jahren die von Bomben beschädigte Adlerquelle neu einfasste, stießen die Bauarbeiter in einer tieferen Bodenschicht auf Tierknochen und steinzeitliche Werkzeuge aus Feuerstein. Das 67°C heiße Wasser der Adlerquelle speist – gemeinsam mit weiteren Thermalquellen – bis heute die Kaiser-Friedrich-Therme, die 1999 nach einer grundlegenden Renovierung wiedereröffnet wurde. Die Elemente des Jugendstils, der Fassaden und Innenräume prägt, weisen auf die Bauzeit in den Jahren 1910 bis 1913 hin. Bevor mit dem Bau des städtischen Bade- und Kurmittelhauses begonnen werden konnte, musste die Stadt Wiesbaden die kleine und große Adlerquelle vom ehemaligen Hotel Zum Adler erwerben, einem Badehaus mit längerer Geschichte. Das Kaiser-Friedrich-Bad schloss sich damit an die in Wiesbaden seit langem gepflegte Badekultur an. Bereits im 15. und 16. Jahrhundert gab es rund um den Kochbrunnen eine Reihe von Badehäusern, die Wiesbadens Ruf als Kurstadt in neuerer Zeit begründeten. An die römische Vergangenheit erinnern das *Tepidarium* und *Sudatorium* im Kaiser-Friedrich-Bad. Aber auch Russland und Finnland standen Pate für Dampfbad und Sauna. Zur Abkühlung lockt das historische Kaltwasserbecken, in dem sich der Gast, darauf sei an dieser Stelle hingewiesen, wie im Saunabereich bevorzugt textilfrei bewegen sollte. Wer einmal nicht im Wasser planschen möchte: Wie wäre es mit einer Hot-Stone-Massage? Auch solche Verwöhnprogramme bietet die Kaiser-Friedrich-Therme.

Das Zentrum der Therme bildet das denkmalgeschützte römisch-irische Bad mit seinen von Mosaiken geschmückten Wänden und der historischen Schwimmhalle (Zutritt ab 16 Jahre).

thalhaus Theater
Nerotal 18
65193 Wiesbaden
0611 18 51 267

19 Sternstunden im »Wohnzimmer«

Theater thalhaus

Als die Künstlergruppe Tripol gegen Ende der 1990er-Jahre den Neuanfang in der Villa in den Nerotalanlagen wagt, liegt hinter beiden eine bewegte Vergangenheit. Die Gemeinschaft kulturbegeisterter Wiesbadener betrieb im »Hinterhaus« 20 Jahre lang ein künstlerisches Zentrum. Die 100-jährige Villa diente als Kurklinik und Krankenhaus. Dank des außergewöhnlichen Konzepts des Vereins, inzwischen *thalhaus e.V.*, entstand ein Ort inspirierender Begegnungen, der »Kultur-Vielfalt unter einem Dach« bietet.

Um 1900 wurde die Villa als Lehr'sche Kuranstalt gebaut und blieb das einzige Gebäude in den Nerotalanlagen. Zuvor hatten hier die Brüder Löwenherz eine Tuchfabrik und eine Kaltwasser-Heilanstalt geführt. Später nutzte die Städtische Klinik das Haus als Dependance, bis in den 1980er-Jahren der Abriss drohte. Damals suchten die ehrenamtlichen Betreiber des Hinterhauses dringend nach einer neuen Wirkungsstätte. Die Bausubstanz der früheren Weinhandlung war nicht länger zumutbar, doch neue Projekte platzten kurz vor der Verwirklichung. Da kam das Angebot, in die Nerotal-Villa umzusiedeln, wie gerufen – trotz aller Probleme, die zu meistern waren: Das Instandsetzen des abgewirtschafteten Gebäudes und ein längerer Baustopp. Nicht beirren ließ sich die Künstlerinitiative in ihren Absichten; im alten wie im neuen Domizil. Die künstlerische Qualität zählt mehr als ein bekannter Name, und eine große Bandbreite der Kunst findet im *thalhaus* eine Heimat. Die Galerie zeigt wechselnde Ausstellungen, und auf die Bühne kommen Jazz, Tango, Klassik, Kabarett, Theater und Varieté. Internationale Musiker gewähren Einblicke in die »Musik der Welt« – darauf liegt ein besonderer Schwerpunkt.

Holger Hebenstreit, von Anfang an im Hinterhaus dabei und bis 2015 künstlerischer Leiter, war viele Jahre selbst als Kabarettist unterwegs und kannte sich mit beiden Seiten aus. »Das *thalhaus* soll für alle offen sein. Vor und auf der Bühne. Aber der Künstler muss elektrisieren und neue Impulse aufzeigen.«

Das Café Löwenherz ist an Veranstaltungstagen abends geöffnet. Feiern oder tagen in herrschaftlichem Ambiente? Das *thalhaus* mit zwei Bühnen und Galerieräumen kann gemietet werden!

Kletterwald Neroberg
Neroberg 1
65193 Wiesbaden
0173 3022175

20 Kletterpartien in luftiger Höhe

Kletterwald Neroberg

Ganz schön hoch, der Blick von unten nach oben. Wie mag das erst aus der anderen Perspektive sein? Wer Spaß am Klettern hat, kommt im Kletterwald Neroberg auf seine Kosten. In über 15 Parcours kann man seine Geschicklichkeit und das eigene Talent als Klettermaxe erkunden. Die gründliche Einweisung macht auch dem skeptischen Neueinsteiger Mut, den Aufstieg in die Baumkronen zu wagen. Zumal so viele Kletterfreunde mit gutem Beispiel voransteigen. Ein Naturerlebnis der besonderen Art ist allen sicher.

»Vor allem im Frühjahr, wenn die Bäume noch kahl sind, hat man einen fantastischen Ausblick«, schwärmt Holger, der sich auf die schwereren Touren wagt. Und das flaue Gefühl? »Kommt gar nicht erst auf«, versichert der 42-Jährige mit überzeugendem Schmunzeln. »Man ist ja bestens gesichert.« Wie das mittels Gurt und Seilen funktioniert, lernt jeder Neueinsteiger bei einer Schulung, die knapp oberhalb des Bodenniveaus stattfindet. Erst wenn beim Ein- und Ausklinken jeder Handgriff sitzt, darf man hinauf auf die Bäume. »Falls es Schwierigkeiten gibt, ist sofort Hilfe da«, versichert Holger, der selbst einmal Unterstützung in Anspruch nehmen musste, als ein Hindernis bei Regen rutschig wurde. »Der Helfer hat mich abgeseilt. Das ging ohne Probleme.« Wie lange man für den Parcours braucht, ist nicht allein von Länge und Schwierigkeitsgrad abhängig. »Wenn viel los ist, muss man auf der Plattform gelegentlich warten. Es darf immer nur eine Person auf ein Kletterstück. Jeder bekommt die Zeit, die er braucht.« Auch Kinder scheuen die Strecke nicht, wie Holger anerkennend berichtet. Allerdings sind die jungen Beine für einige Hindernisse fast zu kurz und der Abenteuerspielplatz am Boden wäre besser geeignet. Von der Aussicht abgesehen: Was macht den Reiz des Kletterns aus? Die Antwort kommt spontan: »Die sportliche Herausforderung. Und die knifflige Frage, wie man den Parcours am besten angeht.« Viel Spaß auf der nächsten Runde!

Es empfiehlt sich, das Ticket vorab online zu buchen. Bei Dauerregen oder Sturm können sich die Öffnungszeiten aus Sicherheitsgründen ändern. Rufen Sie vorher an, um sicherzugehen!

Goldsteintal
Startpunkt/Parkplatz:
Restaurant Das Goldstein by Gollner's
Goldsteintal 50
65207 Wiesbaden
0611 54 11 87

Hubertushütte
Goldsteintal 60
65207 Wiesbaden
0611 54 24 10

21 Seltenheiten im Waldwiesental

Ausflug ins Goldsteintal

Der Taunus ist reich an herrlich gelegenen Wiesentälern. Zu den schönsten und ökologisch bedeutsamsten Waldwiesentälern zählt das Goldsteintal in Sonnenberg. Hier wechseln sich frei stehende Einzelbäume mit Gehölzgruppen ab. In den Feuchtwiesen wächst der seltene Bachnelkenwurz. Heuschrecken und Schmetterlinge, die andernorts seit Langem verschwunden sind, haben in den Magerwiesen einen Lebensraum gefunden. Wer sich dieses grüne Paradies erwandern möchte, kann sich bereits im Zentrum Wiesbadens auf den Weg machen.

Der weitgehend »grüne« Wanderweg führt vom Kurhaus durch den Kurpark und weiter entlang des Rambachs nach Sonnenberg, bis an dessen Ortsende der Goldstein- in den Rambach mündet und den Weg ins Goldsteintal weist. Gleich zwei traditionsreiche Gasthäuser liegen seitlich des Wiesentals. Der Ursprung des hübschen Fachwerkhauses – heute als Restaurant *Das Goldstein by Gollner's* geführt – liegt im Jahr 1907 als *Vereinsheim der Wiesbadener Schützen.* Seit Ende der 1940er-Jahre wird es als Gasthaus betrieben. Rechter Hand wartet nach wenigen Minuten zu Fuß die Hubertushütte, in der sich seit über 100 Jahren Wanderer und Ausflügler bewirten lassen.

Dahinter erschließt sich der Landschaftspark Mittleres Goldsteintal, der über Jahrhunderte von bäuerlicher Nutzung geprägt wurde. Die Landschaft wurde von Schafherden beweidet und diente der Heuernte. In moderner Zeit, den 1960er-Jahren, gab man diese Art der Landschaftspflege auf. Daraufhin entwickelten sich Sträucher und Bäume, wo zuvor seltene Pflanzen gedeihen konnten. Diese Verbuschung wurde wieder zurückgedrängt, nachdem das Gebiet im Jahr 2000 zum Schutzgebiet erklärt wurde. Ein- bis zweimal im Jahr wird das Gras gemäht; zum Teil sogar von Hand. Dadurch finden die Pflanzen wieder die ihnen entsprechenden Bedingungen vor. Auf engstem Raum liegen die unterschiedlichsten Biotope in den Feucht- und Nasswiesen sowie den halbtrockenen Wiesen. Wer die Augen offenhält, kann am Wegesrand allerhand kleines Getier entdecken.

Das Goldsteintal ist bis zu den Restaurants *Das Goldstein by Gollner's* und *Hubertushütte* für den Autoverkehr frei

Jagdschloss Platte
An der B417
65195 Wiesbaden

Gasthof Jagdschloss Platte
Platte 1
65195 Wiesbaden
0611 53249700

22 Ein Schirm für die Schlossruine

Jagdschloss Platte

Ein Glasdach, das sich in zeitgenössischer Leichtigkeit über ein sichtlich geschundenes Bauwerk legt. Kein Wiederaufbau? Keine Rekonstruktion des ehemaligen Jagdschlosses, das von Herzog Wilhelm von Nassau 1826 auf der Platte oberhalb Wiesbadens gebaut und im Zweiten Weltkrieg schwer beschädigt wurde? Ganz bewusst gab man dem Bauwerk nur einen wetterfesten Schutz, beschränkte die Instandsetzung auf das Notwendigste. Die Schlossruine, ein Kulturdenkmal.

Die Glaskonstruktion beschirmt das Mauerwerk, ohne dessen Eigenarten zu beeinflussen. Die den Wiesbadenern über die Jahre ans Herz gewachsene Ruine sollte erhalten bleiben. Das schützende Dach war dringend erforderlich geworden, nachdem die nackte Fassade des Jagdschlosses über Jahrzehnte Wind und Wetter ausgesetzt war. Erst Ende der 1980er-Jahre begann man damit, Schutt und Trümmer abzutransportieren. Ein Förderverein nahm sich des verwahrlosten Gebäudes an. Behutsamkeit war von Anfang an der Leitgedanke. Im Innern wurde nur die Rotunde mit dem gegensinnig verlaufenden Treppenpaar rekonstruiert und 2007 das Glasdach aufgesetzt. Heute steht das Jagdschloss unter der Obhut der Stadt Wiesbaden und kann für Veranstaltungen gemietet werden. Gelegentlich kann man durch die Tür lugen, die von zwei ruhenden Bronzehirschen flankiert wird: Repliken der Originale, die Herzog Wilhelm (1792–1839) einst bei dem berühmten deutschen Bildhauer Christian Daniel Rauch in Auftrag gegeben hatte. Bevor das Jagdschloss 1913 in den Besitz der Stadt gelangte, ließen die Erben des Herzogs die Originale nach Luxemburg bringen. Finanziert durch Spenden, konnten im Sommer 2010 die Kopien aufgestellt werden.

Der Parkplatz vor dem Schloss eignet sich als Ausgangspunkt für Wanderungen und Spaziergänge. In wenigen Minuten erreicht man beispielsweise den *Steinhaufen*, einer 521 Meter hohen Kuppe. Der Weg verläuft ein kurzes Stück auf der Trompeterstraße entlang, bis nach rechts ein markierter Pfad abzweigt, der zum Aussichtspunkt führt.

Der Abenteuerspielplatz nebenan lockt die Kinder an. Mit rustikal-gemütlichem Flair, gepflegtem Biergarten und Minigolfanlage lädt der Gasthof *Jagdschloss Platte* zur Einkehr ein.

Tier- und Pflanzenpark Fasanerie
Naturpädagogisches
Zentrum
Wilfried-Ries-Straße 22
65195 Wiesbaden
0611 4090770

Förderverein Fasanerie
Wiesbaden e.V.
0611 468 93 07

23 Wohngemeinschaft für Wölfe und Bären

Tier- und Pflanzenpark Fasanerie

Ein Tierpark, der keinen Eintritt kostet! Das ist eine seiner Besonderheiten, jedoch bei weitem nicht die einzige. Der ehemalige Fasanengarten, den Fürst Karl von Nassau-Usingen 1749 oberhalb des Klosters Klarenthal anlegen ließ, erlebte in seinem langen Bestehen Höhen und Tiefen. Inzwischen entwickelte sich die Wiesbadener Fasanerie zu einem naturpädagogischen Zentrum mit Vorbildfunktion. Um die 50 heimische Wild- und Haustierarten kann man auf einem Spaziergang durch den Park beobachten.

Dass der Besuch im Tierpark nicht an den Kosten scheitern dürfe, war von Anfang an ein Anliegen der Gründer des *Fördervereins Fasanerie e.V.* So schrieben sie sich diesen Wunsch ins Konzept – auch wenn die Aussichten für den »freien Eintritt« gering schienen. 1995 schlossen sich einige tatkräftige Wiesbadener zusammen, um der vernachlässigten Fasanerie auf die Beine zu helfen. Die Geldmittel waren knapp, und die Aufgaben in dem in die Jahre gekommenen städtischen Tierpark riesig. Seit dieser Zeit konnten die Tierparkleitung und der Förderverein gemeinsam eine ganze Reihe von Projekten in die Tat umsetzen. Zu den spektakulärsten Vorhaben gehörte der Bau des gemeinsamen Bären- und Wolfsgeheges, dessen erste Bewohner – die betagten Zirkusbärendamen Willi und Muffi – auf 30.000 Quadratmeter ein Leben auf Braunbärenart erkunden durften, in Gesellschaft eines neugierigen jungen Wolfsrudels. Ins Nachbargehege zogen die Luchse als weitere Vertreter der ursprünglich in den deutschen Wäldern heimischen großen Räuber ein. Auch die Wildkatze ist in der Fasanerie zu Hause. Zudem beteiligt sich der Tierpark an einem Rettungsprogramm für den Europäischen Nerz. Natürlich gibt es auch all die Pflanzenfresser, vom Reh- und Rotwild bis zu den imposanten Wisenten. Nicht zu vergessen die Haustiere: Schweine, Ziegen, Schafe und Geflügel.

Als naturpädagogisches Zentrum bietet die Fasanerie viele Projekte für Kinder, Jugendliche und Erwachsene. Wer sich für die Pflanzenwelt interessiert, wird zwischen den vertrauten Baumarten auch Ginkgo, Mammutbäume und andere botanische Raritäten entdecken.

Viel Hintergrundwissen über den Tierpark und Informationen für Besucher finden Sie auf der Homepage des Fördervereins.

Schloss Freudenberg
Freudenberg-
straße 224–226
65201 Wiesbaden
0611 4110141

24 Erleben und Staunen

Schloss Freudenberg

Nur dieses scheint gewiss im Schloss Freudenberg: Dass nichts den Erwartungen entsprechen wird. Die erste Überraschung betrifft das Gebäude selbst. Kein chic saniertes Schloss nimmt den Besucher in Empfang. Kein geliftеter Star der Architektur. Stattdessen eine in Würde gealterte herrschaftliche Villa, die ihre Gäste zu sich und in den Garten einlädt. Wer dem Angebot folgt, sollte neben einer riesigen Lust am Entdecken vor allem eines mitbringen: Die Bereitschaft, sich auf neue Blickwinkel einzulassen.

Denn man sieht … nichts. Buchstäblich nicht die Hand vor Augen. Nichts als Schwärze ringsherum. Keine Nacht kann so dunkel sein. Die Hand tastet nach dem Barhocker, zieht ihn zögerlich näher heran. Eine freundliche Stimme irgendwo dort vorn in der Finsternis bietet ein Getränk an. Orange? Ananas? Kirsche? Das Geschmacksempfinden ist mit einem Mal trügerisch. Der – kurzfristige – Verlust eines Sinnes in der *Dunkelbar,* die von blinden Mitarbeitern geführt wird, gehört zu den beeindruckendsten Erlebnissen im *Erfahrungsfeld der Sinne* und lässt sich bei einem lichtlosen *Nacht-Mahl* vertiefen. Andere Ausstellungsbereiche möchten die Sinne schärfen, wie beim Spielen der Klangschalen und dem Aufspüren optischer Effekte. Berühren verboten? Anders als in vielen herkömmlichen Museen, ist diese Mahnung hier nirgends zu finden. Anfassen, in die Hand nehmen, schnuppern, ausprobieren: All das darf und soll der Besucher nach Herzenslust. Das Schloss Freudenberg wurde vor über 100 Jahren von einem Künstlerpaar gebaut und blickt auf eine wechselvolle und der Bausubstanz nicht immer zuträgliche Vergangenheit zurück. Über viele Jahre stand das Gebäude leer, bis es Anfang der 1990er-Jahre von Beatrice und Matthias Schenk übernommen wurde. Bis dahin war das Ehepaar mit einem Zirkus unterwegs. Die Schlossfenster hatte man, zum Schutz vor Vandalismus, zugemauert. Kurz entschlossen machten die neuen Herren im Schloss Freudenberg aus der Not eine Tugend. Die erste Ausstellung hieß *Sie sehen nix!.* Und lockte 30.000 Besucher an, die das Phänomen »Finsternis« erleben wollten.

Warum Freunde und Familie nicht zur Geburtstagsfeier ins Schloss Freudenberg einladen? Bitte unbedingt telefonisch anmelden!

Henkell & Co.
Sektkellerei KG
Biebricher Allee 142
65187 Wiesbaden
0611 630

25 Sieben Stockwerke in den Untergrund

Sektkellerei Henkell

An die zwölf Millionen Flaschen *Henkell Trocken* werden pro Jahr unter das Volk gebracht. Aber aus welchen Rebsorten wird der Sekt hergestellt? Und worin unterscheiden sich trocken und brut? Ein Besuch in Biebrich wird dem interessierten Sektfreund weiterhelfen. Aber nicht nur das: Wer die berühmte Sektkellerei näher kennenlernen möchte, darf sich auf Superlative gefasst machen. Auf Henkellsfeld scheint alles um mehr als eine Nuance größer und prächtiger.

Während die Fassade des Gebäudes mit geradliniger Eleganz besticht, empfängt den Besucher ein prunkvolles Foyer. Marmor, wohin man blickt: Als Bodenplatten und Stützen ringsherum sowie auf den ausladenden Treppenaufgängen. Treppab schreitet der staunende Gast den Geheimnissen der sieben Kelleretagen entgegen – hoch über dem Kopf ein Portal im Stil des Neurokoko. 1928 wurde der Marmorsaal mit diesen Ausschmückungen versehen, deren verspielte Heiterkeit auf den Sektgenuss einstimmen sollte. Der Ursprung des Unternehmens liegt auf der anderen Rheinseite, in Mainz, wo Adam Henkell im Jahr 1832 eine Weinhandlung gründete und später eigenen »Champagner« kelterte. Sein Enkel Otto Henkell erwarb das Grundstück in Biebrich, einer damals eigenständigen Stadt, und beauftragte den jungen Architekten Paul Bonatz mit dem Bau der Sektkellerei, die 1909 fertiggestellt wurde. Das Vertrauen des Bauherren in den zu der Zeit noch unbekannten Architekten sollte belohnt werden. Paul Bonatz schuf mit *Henkellsfeld* das beeindruckende Beispiel eines neoklassizistischen Unternehmensgebäudes, das bis in unsere Zeit gute Bedingungen für eine zeitgemäße Produktion bietet. Der Erbauer Otto Henkell war in vielen Dingen seiner Zeit voraus. So erkannte er früh den Wert der Werbung und verpflichtete bekannte Künstler zur Gestaltung der Anzeigen. Er erfand den Piccolo, und er wünschte sich ein offenes Haus für alle Liebhaber des prickelnden Getränks. Seit 1910 sind Besucher in der Kellerei willkommen.

Die Sektkellerei lässt sich auf vielfältige Weise erleben: ob bei einer Führung, allerlei Konzerten oder in der legendären Sektnacht. Prickelnde Mitbringsel finden sich im Henkell-Shop.

Rettbergsaue
(April–September)
Anlegestelle Biebrich
Rheinufer am Schloss
Rheingaustraße 144
65203 Wiesbaden

Mattiaqua
Eigenbetrieb der Landeshauptstadt Wiesbaden für Quellen, Bäder, Freizeit
Konrad-Adenauer-Ring 13
65189 Wiesbaden
0611 318078

26 Reif für die Insel

Rettbergsaue im Rhein

Mit knatterndem Diesel schippert das Fährboot *Tamara* der Rettbergsaue entgegen. Weit ist der Weg nicht: keine zehn Minuten vom Schiffsanleger in Biebrich hinüber zum ersten Anleger *Rettbergsaue Biebrich.* Wir wollen die Bootstour entlang der Rheininsel etwas länger genießen und steigen am Haltepunkt *Rettbergsaue Schierstein* aus. Und sind gleich mittendrin im Freizeitvergnügen für sehr Jung, Jung und Älter. Ein Stück Natur. In Sichtweite der Stadt und umschlossen von Wasser.

Das Baden auf der Rettbergsaue ist allerdings aufgrund des gefährlich strömenden Rheins nach wie vor offiziell verboten. Also sich besser mit dem Sonnenbad am Sandstrand begnügen. Zwei Freizeitareale hat die Rheininsel zu bieten: Die Rettbergsaue Biebrich mit Spielflächen für Basketball, Volleyball, Federball, Tischtennis, Bodenschach, Freiluftkegelbahn, Kinderspielplatz und Bolzplatz. Am anderen Ende der Insel liegt der Bereich *Rettbergsaue Schierstein* mit einem ähnlichen Spiel- und Sportangebot und zusätzlich einem Inselcafé. Grillen darf man in beiden Arealen, sofern man das entsprechende Gerät – keinen Einweggrill – mitgebracht hat. Zur Übernachtung steht ein (kostenpflichtiger) Campingplatz zur Verfügung, für den man sich mindestens drei Tage vorher anmelden sollte. Beim Zelten müssen Jugendliche von Erwachsenen begleitet werden

Der Fußweg zwischen den Freizeitbereichen ist mittlerweile gesperrt. Der Hauptteil der knapp drei Kilometer langen Insel – immerhin 90 Prozent der 68 Hektar großen Fläche – wird der Natur überlassen. Dennoch bleibt der Besuch der Rettbergsaue ein Naturerlebnis inmitten der Zivilisation. Der Verkehr zu Wasser, Luft und Straße ist überall und jederzeit präsent. Frachtkähne und Motorboote auf dem Rhein, hoch am Himmel die Flugzeuge von und nach Frankfurt sowie der Verkehrsstrom auf der Schiersteiner Brücke, die die Insel überquert. Alles sehr gegenwärtig – trotzdem gefühlt weit entfernt: Naturnahe Erholung im Grenzbereich zwischen den Großstädten Wiesbaden und Mainz.

Die Nutzung des Freizeitgeländes Rettbergsaue ist kostenlos. Per Schiff erreichbar ab Biebrich oder Schierstein. Hunde dürfen nicht auf die Insel.

Taunus

Haus Ingeborg im
Kur- und Badeort Schlangenbad
Mühlstraße 19
65388 Schlangenbad

Staatsbad Schlangenbad GmbH
Tourist-Information
Rheingauer Straße 18
65388 Schlangenbad
06129 4850

27 Badevergnügen im Quellwasser

Erkundung des Kur- und Badeorts

Unter der *Wilden Frau,* einer sagenumwobenen Felsengruppe, liegt Schlangenbads größter Schatz. Das Besondere des »Wildwassers« ist der hohe Anteil an Kieselsäure. Der Kochsalzgehalt ist gering und gibt dem Thermalwasser einen milden Geschmack.

Bevor sich der Kurbetrieb entwickelte, nutzten Anfang des 17. Jahrhunderts Müller die Quellen. Da der Warme Bach nicht gefror, konnten die Wassermühlen auch während des Winters mahlen. Für lange Zeit blieben sie die einzigen Gebäude im Tal. Zwar wusste man um die Heilkraft des Wassers, aber es brauchte Zeit, bis der Badebetrieb im Grenzgebiet der drei selbstständigen Länder Hessen-Kassel, Kurmainz und Nassau in Gang kam. Die Quellen gehörten dem Landgrafen Karl zu Hessen-Kassel, der 1694 ein Badehaus mit vier Bädern und einer Schwitzstube sowie ein Gästehaus mit 14 Zimmern bauen ließ. Die Kurmainzer wollten nicht zurückstehen. Obwohl sie über kein Thermalwasser verfügten, errichteten sie auf eigenem Gebiet ein Hotelgebäude. Vielleicht ist es der Konkurrenz der Herrschaftshäuser geschuldet, dass sich Schlangenbad zum feudalen Erholungsort des 18. Jahrhunderts mauserte.

Der Charme einstiger Größe liegt heute über dem Städtchen, auch wenn die gekrönten Häupter ausbleiben. Zwischen den Gebäuden im spätklassizistischen Stil erhebt sich der Eckturm der *Villa Ingeborg.* 1904 für den Badearzt Dr. Enrique Müller und seine Frau erbaut, zieht das denkmalgeschützte Wohnhaus mit Jugendstilelementen die Blicke auf sich. Als einer der kleinsten deutschen Kur- und Badeorte besticht Schlangenbad vor allem mit Ruhe und Natur. Und, nicht zu vergessen, mit dem Thermalwasser, das einst als »Schönheitswasser« bis an die nordeuropäischen Königshäuser geliefert wurde. Was damals dem Adel gefiel, lässt sich heute in der *Aeskulap Therme* in der Rheingauer Straße genießen. Oder im Thermalfreibad in der Nassauer Allee, wo man in frischem Quellwasser badet. Jeden Abend wird das Schwimmbecken aufs Neue mit »Wildwasser« gefüllt.

Der kleine Kuchenladen in der Rheingauer Straße 43 lockt mit Verführungen (www.kuchenladen-schlangenbad.de).

Stiftung Kloster Eberbach
Kloster Erbach
65346 Eltville
im Rheingau
06723 9178100

28 Im Namen der Rose

Kloster Eberbach

In jedem Winkel des Klosters scheint die Vergangenheit gegenwärtig. Im Kreuzgang wie in der Basilika möchte der Besucher unwillkürlich Ausschau halten nach barfüßigen Mönchen in grob gewebten Kutten, die nicht zufällig an William von Baskerville alias Sean Connery und seine Ordensbrüder aus *Der Name der Rose* erinnern. Hier wurden im Winter 1985/86 die Innenaufnahmen für den Film gedreht, dem Umberto Ecos bildgewaltiger Roman zugrunde liegt. Doch nicht allein deswegen gehört das Kloster Eberbach zu den herausragenden Rheingauer Ausflugszielen.

Die Dreharbeiten bilden eine winzige Episode in der 900-jährigen Klostergeschichte. Im Jahr 1136 von 13 Zisterziensermönchen aus Burgund gegründet, hat sich das Kloster im Lauf der Jahrhunderte beständig weiterentwickelt und zeigt ein Panorama klösterlicher Baugeschichte. Wie im Rheingau nicht anders zu erwarten, spielte der Weinanbau zu allen Zeiten eine prägende Rolle. Was nicht zu falschen Schlüssen verleiten sollte. Das Leben im Zisterzienserorden war mühevoll und entbehrungsreich. Der Auftrag »ora et labora« (»bete und arbeite«) bestimmte den Tagesablauf der Mönche. Die Schweigegelübde wurden von kargen Mahlzeiten begleitet, und der Alltag in den zugigen und nasskalten Räumen forderte seinen Preis. Mit der französischen Revolution und der anschließenden Säkularisierung kehrte weltliches Leben in die Klostermauern ein. Viele Besonderheiten der Ausstattung gingen verloren, und die Gebäude litten unter der Zweckentfremdung als Frauengefängnis, »Irrenanstalt« und Viehstall. 1986 wurde damit begonnen, nach und nach die gesamte Anlage zu restaurieren. Heute strömen Besucher durch die Klostergänge und spähen neugierig in die Weinkeller. Wer sich nach dem Rundgang stärken möchte, kehrt in die *Klosterschänke* ein – und begegnet dort nicht selten einer Hochzeitsgesellschaft. Auch für das Ja-Wort am schönsten Tag im Leben bildet das Kloster Eberbach einen einzigartigen Rahmen.

Das Kloster ist das ganze Jahr über geöffnet. Eine reiche Auswahl bieten die Vinothek und der Klosterladen.

Landmuseum Ransel
Förderverein
Ländlicher Kultur e.V.
Gewerbegebiet 1
65391 Lorch am Rhein
06726 2088

Land Art Restaurant
Kirchstraße 34
Gewerbegebiet 1
65391 Lorch am Rhein

29 Nach Großväter Art

Landmuseum Ransel

Gerüche wecken Erinnerungen. Wie der Duft frisch gebackenen Brots oder von Stiefelfett und Leder, der Kindheitstage lebendig werden lässt. Neben diesen Reizen für die Nase bietet das Landmuseum Ransel auch für Auge und Ohr allerhand Entdeckenswertes mit Erinnnerungsgarantie. Sofern man der etwas älteren Generation angehört. Und im besten Fall die Kindheit auf dem Land verbracht hat.

Umgeben von dicht bewaldeten Bergkuppen und unweit der Landesgrenze zu Rheinland-Pfalz liegt der Lorcher Ortsteil Ransel in stiller Abgeschiedenheit auf einer freien Anhöhe von gut 400 Metern. Am Ende des Dorfes, in der Nachbarschaft eines Modehauses, befindet sich das Landmuseum: Auf grüner Wiese, bestückt mit einer offenen Scheune und mehreren Schuppen und Hütten, in denen die Exponate ausgestellt sind. Bisweilen ein wenig zu viel des Guten, möchte man meinen, bei allem, was sich dort in reichlich Gesellschaft aufgetürmt und versammelt hat. Wir nehmen das gewisse Übermaß nicht krumm, erfreuen uns lieber an all den Handwerkzeugen und rätselhaften Maschinen und bedenken, dass wir nicht in einem Hochglanz-Stadtmuseum auf Entdeckungstour gehen. Das Landmuseum Ransel ist das Kind eines Fördervereins. Dessen allesamt ehrenamtlich wirkenden Mitglieder haben sich der Aufgabe gestellt, die ursprünglich private Sammlung aus der Zeit von 1900 bis 1970 den interessierten Besuchern zugänglich zu machen. Ein Engagement, das in jedem Winkel zu spüren ist. »Hat es nicht genauso bei unserem Schuster ausgesehen?«, fragt sich so mancher beim Blick in die Schuhmacherwerkstatt. Wer als jüngerer Besucher oder ehemaliges Stadtkind den vielen Museumsstücken mit ratlosem Staunen gegenübersteht, kann sich bei einer Führung den Gebrauch erklären lassen und darf vielleicht selbst ausprobieren, wie das damals ging, beim Weinbau und in der Landwirtschaft zu früheren Zeiten. Oder wird einen der Besucher ansprechen, die mit glänzenden Augen die Runde machen.

Beliebter Treffpunkt für Museumsbesucher, Wanderer, Ausflügler und andere Genussmenschen ist das dem Museum angeschlossene *Land Art Restaurant.*

Wispertalsteig
Startpunkt: Wanderparkplatz Ortsausgang
Friedhofsweg 4
65391 Lorch am Rhein

Heimat- und Kulturverein Espenschied
Kirchweg 3
65391 Lorch am Rhein
06775 425

30 Aus den Tiefen zu den Höhen

Wispertalsteig in Espenschied

Der Wisperwind, der Wisperwind,
Den kennt in Oestrich jedes Kind!
Des morgens früh von vier bis zehn,
Da spürt man allermeist sein Wehn!
Stromauf aus Wald und Wiesengrund
Haucht ihn der Wisper kühler Mund

So beschreibt der Dichter Ferdinand Freiligrath, der Mitte des 19. Jahrhunderts zeitweise in St. Goar lebte, eine Eigenart der Gegend. Als steil und waldreich erweist sich das Tal der Wisper, die sich auf 30 Kilometern von Heidenrod bis nach Lorch schlängelt, wo sie in den Rhein mündet. Wanderer zieht es in die menschenleeren Täler und auf Bergkuppen, deren Besiedlung sich von jeher als schwierig gestaltete. Was frühere Herrscher nicht davon abhielt, die nördliche Grenze des Rheingaus mit Burgen zu sichern, die heute dem Verfall preisgegeben sind.

Als Rundweg führt der Wispertalsteig durch ein verträumtes Seitental. Weite Ausblicke und stille Waldwege machen den Reiz dieser Wanderung aus. Wobei die Ruhe keinesfalls bedeutet, dass kein Laut zu hören sei. Im Gegenteil erscheinen uns die Vogelgesänge selten so stimmgewaltig wie an diesem Vormittag im Mai. Ob es daran liegt, dass kaum von Maschinen gemachter Lärm zu hören ist? Kein Automotor. Kein Schlepperrattern. Selbst der Himmel bleibt unbehelligt vom Flugbetrieb. Im zur Stadt Lorch gehörenden Luftkurort Espenschied machen wir uns bereit für die 15-Kilometer-Strecke: eine anspruchsvolle Runde, die 2009 zum ersten Mal ausgewiesen wurde. Mit dem Wispertalsteig begann die Erfolgsgeschichte der beliebten Premiumwanderwege im Wispertaunus. Was uns erwartet? »Viele Ruhebänke an lauschigen Plätzchen, einen Naturdenkmal-Baum, ein Feldkreuz, Fernblicke bis zum Hunsrück und zum Großen Feldberg im Taunus, Felsen, Blicke auf zwei Burgruinen, Bäche, einen kleinen Schiefer-Bergstollen, Weiden, Wald mit hohem Wildbestand, einen Sauerbrunnen, einen Köhlerplatz«, verkündet die Wegbeschreibung. Dann nichts wie los! Und den Wisperwind auf der Haut spüren.

Infos zur Wegführung finden sich auf der Wisper-Trails-Website. Alternativ startet vom Ausgangspunkt das *Wispertaler Krönchen* mit 5,2 Kilometer Wegstrecke.

Wispersee
65321 Heidenrod-Wisper
Parkplatz am Strupsel
via Naurother Weg

Restaurant Hexenmühle
Zum Wiesental 18
65321 Heidenrod-Wisper
06124 7268650

31 Raunen und rauschen im ruhigen Tal

Wispersee

Friedvoll liegt er im bewaldeten Tal, der Wispersee, und um es gleich vorwegzunehmen: Das beschauliche Gewässer gewährt keinen Badespaß, und Grillpartys wären hier ebenso fehl am Platz. Wer jedoch die Stille liebt, findet entlang der Wasserfläche etliche lauschige Plätzchen, um sich zu entspannen, Wassergetier zu beobachten oder den Graureihern zuzuschauen, die es den Anglern am Ufer gleichtun und geduldig auf Beute lauern.

Auf gut 200 Metern erstreckt sich der Stausee. Gespeist wird er vom Flüsschen Wisper, dem die gesamte Region – der Wispertaunus – ihren Namen verdankt und dessen Quelle in der Nähe des gleichnamigen Dorfs entspringt. Das verwunschen wirkende Örtchen blickt auf eine lange Geschichte zurück, wurde die Waldsiedlung Wisper doch um 1265 zum ersten Mal urkundlich erwähnt.

Vom Parkplatz am Strupsel lässt sich der Wispersee in wenigen Minuten zu Fuß erreichen. Über den Autodächern weht die leuchtend blaue Fahne, die hier wie an allen Ausgangspunkten auf die *Wisper Trails* aufmerksam macht. Mehr als 200 Kilometer lassen sich im Netz der Premiumwanderwege im Wispertaunus erkunden. Darunter empfiehlt sich Wanderfans ein gutes Dutzend verträumter Rundkurse zwischen fünf und 19 Kilometern Länge. Wer vom Draußen-Unterwegs-Sein gar nicht genug bekommen kann, nimmt vielleicht zudem den Wispertaunussteig in Angriff. Über auf- und absteigende 44 Kilometer verläuft er zwischen Kemel und Lorch am Rhein – ein wahrer Wandermarathon, der auch in Etappen absolviert werden kann.

Auch der Ausflug zum Wispersee lässt sich mit einer Wanderung verbinden. Wir können zwischen den beiden *Wisper Trails Naurother Grubengold* (14,1 Kilometer) und *Wisper Geflüster* (8,5 Kilometer) wählen. Oder wir umrunden den See auf einem kürzeren Spaziergang und lassen uns vom wispernden Flüsschen begleiten.

Der Wispertaunus bietet Wanderneulingen wie alten Hasen vielversprechende Touren durch Wälder und Wiesentäler. Beschreibungen der Premiumwanderwege finden Sie unter: www.wisper-trails.de.

Elisabethentempel
Brunnenberg
65307 Bad Schwalbach

Kurpark Bad Schwalbach
Badweg/Brunnenstraße
65307 Bad Schwalbach

32 Kaiserlich Baden und Entspannen

Elisabethentempel im Kurort

Mit der Landesgartenschau zog 2018 frischer Glanz in Bad Schwalbach ein. Seit über 400 Jahren suchen die Menschen in der Heil- und Kurstadt Erholung. Auch Kaiserin Elisabeth gehörte zu den Gästen. Bis heute erinnert der Elisabethentempel auf der Bergkuppe Busemach an Sisi. Sie stiftete den Aussichtspavillon anlässlich ihres Aufenthalts in Langenschwalbach – wie die Stadt bis 1927 hieß. Wer ihren Lieblingsplatz besuchen möchte, macht sich wie einst die Kaiserin zu Fuß auf den Weg. Ein halbstündiger Spaziergang führt vom Zentrum hinauf zum Tempel. Bequemer lässt sich der Aussichtspunkt ab dem Parkplatz Schäfersberg in der Rheinstraße erobern. Direkt hinter dem Autohaus zweigt ein unscheinbarer Pfad ab, der durch ein Wäldchen führt.

Bereits im Mittelalter war das Heilwasser höchst begehrt. Weil der beschwerliche Weg zu den abgelegenen Taunusquellen die Reisenden abhielt, füllten die Schwalbacher das kostbare Nass in Fässer und trieben in ganz Europa damit Handel. Je besser die Straßen wurden, desto mehr Gäste fanden den Weg ins damalige Langenschwalbach. Als mit der 1889 in Betrieb genommenen Aartalbahn das Städtchen an das Schienennetz angeschlossen wurde, blühte der Kurbetrieb richtig auf. Zu Zeiten Kaiserin Elisabeths musste man noch mit der Kutsche anreisen. Sisi, die bekannt dafür war, stundenlange Wanderungen in flottem Tempo zu unternehmen, wird die waldreiche Umgebung gefallen haben.

Der Naturnähe der Stadt gebührt – neben dem Kurbetrieb – bis heute ein hoher Stellenwert. Der Kurpark ist Ausgangspunkt für Spaziergänge und Rundwanderungen, die sich auf 80 Kilometer summieren. Eine Bad Schwalbacher Besonderheit ist der Kneipp-Barfußpfad, der hinter dem Park beginnt und über Waldboden, Kies und Sand führt. Wer aus erster Hand etwas über die Wirkung von Kräutern erfahren möchte, sollte an den Heilpflanzenwanderungen teilnehmen. Wissenswertes über die Stadt bietet eine Führung zu den historischen Gebäuden, die bereits während Sisis Aufenthalten zum Stadtbild gehörten.

Neben der Stadtgeschichte präsentiert das Bad Schwalbacher Museum das Interieur der ältesten Apotheke im Taunus aus dem Jahr 1642 (www.museum-bad-schwalbach.de).

Limesrundweg Hohenstein
Startpunkt: Wanderparkplatz Sechsarmiger Stock
65329 Hohenstein

Limes-Museum Hofgut Georgenthal
Georgenthal 1
65329 Hohenstein
06128 9430

33 Auf friedlichen Pfaden

Limesrundweg

»Da Kriege im Geist der Menschen entstehen, muss auch der Frieden im Geist der Menschen verankert werden.« Unmittelbar nach Ende des Zweiten Weltkriegs ein ehrgeiziges Ziel, das sich jene 37 Staaten setzten, die der Verfassung der UNESCO am 16. November 1945 in London mit ihrer Unterzeichnung zustimmten. Inzwischen zählt die Sonderorganisation der Vereinten Nationen mit Sitz in Paris 193 Mitgliedstaaten. Auch Deutschland hat sich der Organisation in der Erkenntnis angeschlossen, dass der Frieden nur bewahrt werden kann, wenn sich die Staaten untereinander austauschen, vor allem hinsichtlich Bildung, Wissenschaft und Kultur. UNESCO-Welterbestätten zählen zu den besonders schützenswerten Kulturdenkmälern. Im Jahr 2005 hat der Obergermanisch-Rätische Limes in diese erlauchte Riege Aufnahme gefunden. Ein guter Grund also, ein – gemessen an der gesamten Länge von 550 Kilometern – bescheidenes Teilstück des ehemaligen Grenzwalls kennenzulernen.

Der Limesrundweg Hohenstein beginnt auf dem Wanderparkplatz Sechsarmiger Stock (inmitten des Waldstücks an der Straße zwischen den Hohensteiner Ortsteilen Born und Breithardt). Spektakuläre Ausblicke oder ausgefeilte Attraktionen erwarten den Wanderer nicht, der die Schuhe schnürt, um das UNESCO-Welterbe Limes ein Stück zu begleiten. Über Wiesenwege und naturbelassene Waldwege geht es voran. Eine Wegstrecke wie die Landschaft: geruhsam, bodenständig und mit einer Schönheit bedacht, die auf den zweiten Blick berührt. Bei nassem Wetter empfehlen sich robuste Schuhe. Asphalt- und Schotterwege machen sich auf der fünf Kilometer langen Strecke erfreulich rar. Überhaupt, Wald und Wiesen stehen an erster Stelle. Die lesenswerten Tafeln drängen sich nicht in den Vordergrund. Überwiegend friedlich, so erfahren wir, ging es an den Grenzübergängen zu. Die Germanen lernten von den Römern und umgekehrt. Ein kultureller Austausch, ganz im Sinne der UNESCO.

Die Tour lässt sich gut mit einem Besuch des kleinen Limes-Museums im Hofgut Georgenthal (mit Hotel, Restaurant und Golfplatz) verbinden. Dort startet der fünf Kilometer lange Limes-Rundweg Georgenthal.

Burgruine Hohenstein
Burgstraße
65329 Hohenstein

Gemeinde Hohenstein
Schwalbacher Straße 1
65329 Hohenstein
06120 290

34 Trutzige Kulisse für Theaterfans

Burg Hohenstein

Hoch über dem Aartal thront sie, die Ruine der Burg Hohenstein, und lässt den Betrachter die einstige Bedeutung erahnen. In den mittelalterlichen Spektakeln lebt die vergangene Epoche wieder auf. Wenn sich Gaukler, Rittersleute und Wahrsagerinnen unter das moderne Volk mischen. Oder die Walpurgisnacht zur Nacht der Hexen wird. Wem solches Treiben zu turbulent ist, dem bietet sich die Theatervorstellung im Sommer unter freiem Himmel an. Als Amateurtheater gibt die Taunusbühne Bad Schwalbach ihren Mitstreitern die Möglichkeit, zwischen Burgmauern Theaterluft zu schnuppern – zur Freude und zum Vergnügen der Zuschauerinnen und Zuschauer im Burghof.

Die Gemeinde Hohenstein, ein Zusammenschluss von sieben ehemals eigenständigen Dörfern, verdankt ihren Namen der imposanten Burgruine, und der Ortsteil Burg-Hohenstein rückt bis an die Grundmauern heran. Erbaut wurde die Burg in der Zeit um 1190 von den Grafen von Katzenelnbogen, die sich damit gegen die Grafen von Nassau verteidigen wollten. Für beinahe 300 Jahre behielten sie die Burg in ihrem Besitz, bis es im Jahr 1479 keinen männlichen Nachkommen gab, der das Erbe hätte fortführen können, und die Burg über eine Heirat mitsamt der Grafschaft Katzenelnbogen an Hessen gelangte. 1647, im vorletzten Jahr des verheerenden Dreißigjährigen Krieges, geriet die Burg in Brand und wurde schwer beschädigt. Die Gemäuer waren in den folgenden Jahrhunderten dem Verfall preisgegeben. Erst 1968 – inzwischen im Besitz des Landes Hessen – erwachte die Burg aus ihrem Dornröschenschlaf. Die Burgspiele der Taunusbühne Bad Schwalbach sorgen heute für Betriebsamkeit zwischen den 800 Jahre alten Mauern. In den Sommermonaten und an den Spieltagen sind Teile der Burg tagsüber für Besucher frei zugänglich. Höhepunkt im wahrsten Sinn des Wortes ist die Besteigung des Bergfrieds. Von hoch oben bietet sich ein einzigartiger Ausblick auf das Aartal und die angrenzende Waldlandschaft.

Nach festen Terminen und auf Anfrage bietet der *BUND Hohenstein* Führungen in der Burg an: www.bund-hohenstein.de. Alles zum Spielplan der Freilichtbühne unter: www.taunusbuehne.de.

Golfgreen Aarbergen
Hintergasse 18
65326 Aarbergen-
Rückershausen
0178 1841154

35 Abenteuer mit Bahnen und Bällen

Golfgreen Aarbergen

»Adventure-Golf« nennt Ralf Diefenbach das gesellige Vergnügen in seiner Anlage, die für Besucher auf 10.000 Quadratmetern allerlei Kniffelei mit Ball und Schläger bereithält. Sein persönliches Abenteuer hieß zunächst einmal »Unternehmensgründung«. Auf zwei Jahre Planung und Reisen quer durch Deutschland blickte der Rückershausener zurück, bevor er 2012 seine Ideen in die Tat umsetzen konnte. In seinem Heimatort fand er ein Wiesenstück, das er mit viel Herzblut, Kreativität und Muskelkraft in wenigen Monaten umgestaltete.

Der Unterschied zum herkömmlichen Minigolf liegt nicht allein in den Ausmaßen der 18 Bahnen, die zwischen 12 und 28 Meter lang sind. Anstatt vor der Spielfläche warten zu müssen, bis die Mitspieler ihren Abschlag absolviert haben, wird hier gemeinsam gegolft – ob zu zweit oder mit bis zu fünf Teilnehmern. Jeder bekommt einen (echten) Golfschläger. Die farbigen Bälle verhindern, dass es unterwegs zu Verwechslungen kommt. Für ein Paar dauert eine komplette Runde etwa zwei Stunden. Größere Gruppen sollten entsprechend mehr Zeit mitbringen.

Wer Lust auf noch mehr Bewegung hat, kann sich beim Beachvolleyball austoben. Denksport bietet das Großspielfeld für Schach, Dame und Mühle. Die jüngsten Golfer freuen sich über einen Minigolf- und einen Spielplatz. *Country-Western-* sowie *Blau-Weiße-Tage* und andere Events mit Livemusik ergänzen das sportliche Unterhaltungsangebot.

Zwischen oder nach den Aktivitäten kann man am Kiosk bei einem Imbiss ausspannen. Bahn 19 ist dank der Lage am Radweg auch ein beliebter Zwischenstopp für Radfahrer und Wanderer. Denn auch das war ein lang gehegter Traum Ralf Diefenbachs: Gäste zu bewirten! Und am liebsten mehr als das. Es sollte »noch etwas dazukommen« – mit Golfgreen Aarbergen sind beide Wünsche in Erfüllung gegangen.

Kindergeburtstag? Im *Golfgreen Aarbergen* ist für Spiel und Spaß gesorgt. Auch große Geburtstagskinder und Brautpaare zieht es zur Feier in die *Bahn 19*.

Aartalradweg
Hahnstätten–Diez/
-Bleidenstadt

Fahr zur Aar
(Mai)
Verbandsgemeinde
Aar-Einrich
Austraße 4
65623 Hahnstätten
06486 9179141

36 Radlerspaß am Wasserlauf

Radfahren im Aartal

Wo einst römische Legionäre das Kastell Zugmantel erbauten, kommt sie als unscheinbare Quelle ans Licht. Die Aar schlängelt sich durch Wiesentäler und Schluchten, passiert abgelegene Wälder und Felswände, bis sie sich bei Limburg mit der Lahn verbindet. Begleitet wird der plätschernde Flusslauf von den Schienen der Aartalbahn, heute eine Museumsbahn, dem Aartalradweg und der B54. Dort schweigen einmal im Jahr die Motoren. Dann gehört das waldreiche Aartal allein den Radfahrern, Skatern und Fußgängern.

Die Aufforderung »Fahr zur Aar« lockt jedes Jahr an einem Sonntag im Mai Sport- und Freizeitradler aller Altersstufen auf das 39 Kilometer lange Teilstück der Bundesstraße zwischen dem hessischen Taunusstein-Bleidenstadt und der zu Rheinland-Pfalz gehörenden Stadt Diez. Ungestört vom motorisierten Verkehr darf man die breite Aarstraße einen Tag lang nach Herzenslust zum Radfahren und Skaten nutzen. An zahlreichen Ständen werden Stärkungen und Getränke gereicht. Die anliegenden Ortschaften bieten ein vielseitiges Programm vom Kindervergnügen bis zu Livekonzerten. Mehrere Erste-Hilfe-Stationen stehen für den Notfall bereit. Ab 10 Uhr morgens ist die Straße freigegeben. Wer zu weit entfernt wohnt, um aus eigener Muskelkraft anzureisen, stellt seinen Wagen auf einem Parkplatz entlang der Strecke ab und steigt auf zwei Räder um. Die sportlichen Radler starten eilig durch, während es Eltern mit kleinen Kindern geruhsam angehen lassen. Die Steigungen bleiben moderat, sodass genügend Muße bleibt, sich unterwegs im Aartal umzusehen. Der Wald begleitet uns über den Großteil der Fahrtzeit, und zwischen Adolfseck und Michelbach drängen sich die Hänge von beiden Seiten nah und steil heran.

Wer den Trubel des Veranstaltungstages scheut, kann das Aartal das Jahr über auf dem Aartalradweg erleben, der hauptsächlich auf Rad- und Feldwegen entlangführt. Die ruhige Schönheit des Tals lässt sich auf beiderlei Arten genießen.

Der Aartalradweg lässt sich größtenteils bequem befahren. Mehr Muskelkraft erfordert der Abschnitt zwischen Michelbach und Hohenstein. Danach wird's Richtung Bleidenstadt richtig sportlich!

Märchenwald
Anfahrt: Paul-Morant-Allee
(bis Parkplatz)
65558 Burgschwalbach

Heimatverein Burgschwalbach
Hinter den Zäunen 19
65558 Burgschwalbach
06430 925830

37 Knusper, knusper, knäuschen

Märchenwald Burgschwalbach

Allein der Name des Spielplatzes weckt malerische Bilder im Kopf: Märchenwald. Wie charmant, wenn bereits die Anfahrt diesen fantastischen Vorstellungen nahekommt.

Die Strecke führt aus dem Taunusörtchen Burgschwalbach heraus und unmittelbar vorbei an der gleichnamigen malerischen Burg, die Eberhard V. Graf von Katzenelnbogen zwischen 1368 und 1371 errichten ließ und die zu Recht zu den schönsten Festungen im Taunus zählt. In heutigen Zeiten ist das imposante Bauwerk für sein romantisches Restaurant bekannt, das zwischenzeitlich wegen umfangreicher Instandsetzungsmaßnahmen des mittelalterlichen Gemäuers geschlossen wurde. Das Sträßchen steigt weiter an, bis wir einen Parkplatz erreichen. Von dort aus gehen wir zu Fuß bergauf. Unser Ziel liegt dem Sportplatz gegenüber. Ein weißes Backsteintor weist uns den Weg. Dahinter öffnet sich ein schattiger Laubwald und darin eingebettet liegt er, der Märchenwald.

Reichlich Platz zum Toben garantieren Klettergerüste, Schaukeln und eine hölzerne Festung. Sogar ein Schiff liegt zwischen den Bäumen vor Anker. Unternehmungslustig wird losgeflitzt. Im Sturm erobern Rittersleut' und Prinzessinnen die Burgschwalbach en miniature, durch die schon Oma und Opa gekraxelt sein könnten. Denn neben der märchenhaften Atmosphäre zeichnet eine weitere Besonderheit den außergewöhnlichen Waldspielplatz aus: Es gibt ihn seit 1962!

Damals gründete sich der *Heimatverein Burgschwalbach* mit dem Ziel, ein Spielgelände mit lebensgroßen Märchenfiguren zu schaffen. Davon zeugen bis heute Hänsel und Gretel! Wer den Märchenwald besucht, bekommt eine Ahnung, wie viel Engagement die ehrenamtlichen Helfer über die Jahrzehnte aufgebracht haben und nach wie vor leisten – für ein fantasievolles Spielgelände, das Familien kostenlos offensteht und über Spenden finanziert wird.

Drei Schutzhütten und ein geräumiger Sitzplatz unter einem Sonnensegel können für private Feiern gebucht werden (Reservierungen über die Homepage des Heimat-Vereins).

Kastell Zugmantel
Parkplatz am Kastell
via: Am Zugmantel
(an der B 417)
65232 Taunusstein-Orlen

Naturpark RheinTaunus
Veitenmühlweg 5
65510 Idstein
06126 4379

38 Römische Spuren

Kastell Zugmantel

Die Hühnerstraße (B417) kreuzt den Obergermanischen Limes in Höhe des Kastells Zugmantel und bringt uns zum Ausgangspunkt des Archäologischen Lehrpfads. Vom Naturpark-Parkplatz (gegenüber der zweiten Abzweigung nach Taunusstein-Orlen) führt ein schmales Tor zur ersten Station des Lehrpfads. Auf dieser Taunuskuppe lag einst das Lager einer römischen Kohorte. Der Turm des Kastells Zugmantel, eine Rekonstruktion von 1970, die spitzen hölzernen Palisaden und die Schautafeln des archäologischen Lehrpfads beflügeln die Fantasie. Der flache Erdwall dort drüben: das Überbleibsel der Befestigungsanlage. Die unscheinbare Senke hier: Das war einmal ein Amphitheater. Mit einem Mal sehen wir das Gelände mit anderen Augen.

Vor fast 2.000 Jahren bauten römische Hilfstruppen die ersten Befestigungsanlagen, die sich auf einer Länge von circa 34,5 Kilometer durch den Rheingau-Taunus-Kreis ziehen. Die frühen Anlagen am Zugmantel bestanden aus Holz und Erdwällen (um 90 n.Chr.). Um das Jahr 223 n. Chr. hatte man das Steinkastell fertiggestellt. Was für ein buntes Treiben muss sich über 150 Jahre an diesem Ort abgespielt haben! Obwohl ein vergleichsweise kleines Kastell, gab es, zusätzlich zu den Unterkünften der Soldaten, mehrere Heiligtümer und, was niemals fehlen durfte, ein Bad bei der Aarquelle. Eine Besonderheit sind gleich zwei kleine Amphitheater. Man trieb Handel mit der heimischen Bevölkerung – und begrub beim Kastell die Verstorbenen, wie Gräberfunde zeigen. Elf Informationstafeln auf einer Strecke von 2,5 Kilometern bringen uns das römische Leben an der Grenze zum damaligen Germanien näher. Weil die hübschen Wegmarkierungen offenbar zum Mitnehmen reizen, braucht man für die Wegfindung gelegentlich ein römisches Späherauge. Das Glanzstück des Lehrpfads ist der rekonstruierte Römerturm. 1970 war der Kenntnisstand ein anderer als heute, und so spiegelt der Turm mit dem unverputzten Mauerwerk die Entwicklung der archäologischen Forschungen wider.

Ein weiterer Wachturm steht in Idstein-Dasbach. Als Ergänzung bietet sich ein Besuch des Limes-Museums im Hofgut Georgenthal in Hohenstein an (www.hofgut-georgenthal.de).

Altstadt Idstein
Startpunkt:
Killingerhaus
Tourist-Information/
Museum
König-Adolf-Platz
65510 Idstein
06126 78620

39 Fachwerk ist kein Hexenwerk

Erkundung der Altstadt

Am König-Adolf-Platz im Straßencafé sitzen, im Sonnenschein einen Eisbecher schlemmen und den Blick über ringsherum herausgeputzte Fachwerkhäuser schweifen lassen: Zu diesen und anderen Vergnügungen lädt das Fachwerkstädtchen Idstein ein. Mit den restaurierten Baudenkmälern erscheint Idstein, die ehemalige Nassauer Residenz, heute als wahre Wohlfühlstadt. Wobei nicht verschwiegen werden soll, dass es auch schlimme Zeiten in der »Hexenstadt« gegeben hat.

Dabei sah es so schlimm gar nicht aus mit ihm als redlichem Landesherrn: protestantisch, pflichtbewusst und von dem eisernen Willen getrieben, Schaden von seinen Untertanen abzuwenden. Graf Johannes, dessen Wort im Lande Gesetz ist, hat sich der Vernichtung der Hexerei verschrieben. Einmal in Gang gesetzt, produziert die unbarmherzige Maschinerie der Gerichtsbarkeit immer neue Verdächtige: Idsteiner Bürger, deren Namen unter der Folter genannt werden. Mit dem traurigen Rekord, dass in der Zeit vom Februar 1676 bis Ende März 1677 in Idstein 31 Frauen und acht Männer nach »peinlichen Verhören« hingerichtet werden. Andere Bürger werden aus der Stadt gejagt, verlieren Heimat und Auskommen. Heutzutage wird der Besucher in jedem Winkel an die »verhexte« Vergangenheit erinnert. Es gibt den Hexen-Buchladen, die Hexen-Apotheke und den Hexenturm, Idsteins Wahrzeichen, das viel älter ist als die Hexenverfolgungen und nicht darin verwickelt war. Alle zwei Jahre leben mit dem Hexenmarkt mittelalterliche Zeiten auf.

Auch wer es ruhiger liebt, kommt auf seine Kosten. Und schlendert, wenn der Eisbecher geleert ist, durch die Altstadtgassen und vielleicht hinauf zum Höerhof in der Obergasse 26, der aus dem Jahr 1620 stammt und ein Hotel und Restaurant beherbergt. Außerdem empfiehlt sich ein Besuch des sehenswerten Stadtmuseums im Killingerhaus. Wenige Schritte weiter führen die Treppen zum historischen Rathaus hinauf, und das Kanzleitor weist den Weg zum Residenzschloss.

Eine Stadtführung bringt uns die 900-jährige Geschichte Idsteins näher. Die »Gartenweiber« tratschen über das Neuste aus der Zeit um 1700, und für die Jüngsten gibt es Kindertouren durch die Altstadt.

Idstein Jazzfestival
(Sommer)
Altstadt
65510 Idstein

Verkehrsverein Idstein e.V.
Rathaus
65510 Idstein
06126 78614

40 Taunusstadt der tausend Töne

Jazzfestival in der Altstadt

Musikliebhabern – allen voran den Freunden des Jazz – ist die »Hexenstadt« im Taunus seit den 1990er-Jahren vor allem aus einem Grund ein Begriff: als Schauplatz des *Idstein JazzFestival.* Für drei Tage im Sommer wird die historische Altstadt vom Jazz und allen seinen Stilrichtungen in Anspruch genommen. Auch wer sich nicht zu den Musikspezialisten zählt, wird sein Vergnügen darin finden. Und sich gemächlich durch die Gassen treiben lassen. Von Bühne zu Bühne. Zum Zuhören, Zuschauen und Staunen.

Neben der Frankfurter »Konkurrenz« gilt das Idsteiner Festival als eine der großen hessischen Jazzveranstaltungen. Kein Wunder bei zwölf Bühnen, auf denen an die 60 Bands auftreten und die Stadt mit musikalischen Klängen erfüllen. Aus welcher Richtung der Besucher auch kommt: Beim Betreten der Altstadt gilt es, den Eintritt zu entrichten. Danach darf man eintauchen in das Getümmel begeisterter Musikgenießer. Ob man sich zuvor über das Programm kundig gemacht hat und eine bestimmte Bühne ansteuert oder sich einfach vom Menschenstrom mitnehmen lässt, um dort stehen zu bleiben und zu lauschen, wo es gefällt: Bei dem reichhaltigen Angebot haben beide Strategien etwas für sich. Neben eingefleischten Jazzkennern kommen zahllose Laien in die Stadt, um sich überraschen zu lassen. Geboten wird Musik der Extraklasse für jeden Geschmack, ob Retro-Jazz, Swing, World oder Latin, Real Jazz, Groove oder Blue Note, wie die Programmpunkte vergangener Festivals hießen. Freitagabends geht es los. Das Fest setzt sich ab Samstagnachmittag bis in die Nacht fort und dauert am letzten Tag, dem Sonntag, vom späten Vormittag bis in den Abend. Und die Bewohner der Altstadt? Von denen wird eine gehörige Menge Langmut und Musikbegeisterung eingefordert. Den meisten wird es Spaß machen, trotz der Einschränkungen, die ein solches Spektakel mit sich bringt. Und ein wenig Stolz auf die kleine Stadt mit dem großen Herzen für Musik sei gern erlaubt.

Stressfrei anreisen mit Bus und Bahn: Idstein ist gut in das Verkehrsnetz eingebunden. Dazu werden Zusatzbusse für das Umland und S-Bahn-Sonderzüge nach Frankfurt eingesetzt.

Geoerlebnispfad Oberjosbach
Start- und Endpunkt: Ecke
An der Eiche/
Dr.-Jakob-Wittemann-Straße
65527 Niedernhausen

Gemeinde Niedernhausen
Wilrijkplatz
65527 Niedernhausen
06127 9030

41 Von Eiszeiten, Erdbeben und Erosionen

Geoerlebnispfad Oberjosbach

Wissen Sie noch, was am Abend des 29. November 1997 geschah? Viele Bewohner des Taunus werden nichts mit dem Datum verbinden. An das Ereignis selbst wird sich so mancher erinnern! Am 29. November 1997 bebte im Taunus die Erde. Mit einer Stärke von 4,4 auf der Richterskala gab es einen kräftigen Rumpler. Die Erschütterungen des Idsteiner Bebens waren in einem Umkreis von 100 Kilometern zu spüren. Diesen und anderen erdgeschichtlichen Ereignissen kann man auf dem Oberjosbacher Geo-Erlebnispfad nachspüren.

Was die Zahlen der Richterskala bedeuten, erklärt eine Schautafel: Bei 4 klirren Geschirr und Fensterscheiben, und wer schläft, wird unverhofft geweckt. Bei 5 kann es zu leichten Rissen an den Gebäuden kommen. Warum die Erde im Raum Idstein bebte, erfahren wir im letzten Drittel des Geo-Erlebnispfads bei Oberjosbach. Zuvor haben wir den breiten Forstweg verlassen und auf einem Wanderpfad den Hohlen Stein passiert, einen markanten Felsen und den Höhepunkt der fünf Kilometer langen Wanderstrecke.

Waldböden und Felsformationen liefern dem geschulten Auge eine Fülle von Informationen, die dem »einfachen« Wanderer in der Regel so unzugänglich bleiben wie ein Buch mit sieben Siegeln. Das eine oder andere Siegel aufzubrechen, haben sich die Macher des Geo-Erlebnispfads vorgenommen. 460 Millionen Jahre Erdgeschichte präsentieren sich auf fünf Kilometern. Auch andere Themen werden aufgegriffen. Wir erfahren, dass die Menschen früher auf Holzkohle angewiesen waren und der immense Holzverbrauch zum Ende des 18. Jahrhunderts beinahe zu einer Energiekrise geführt hätte. Mit Wissen versorgt, nehmen wir den Wald auf eine vielfältigere Weise wahr. Wie heftig den Bäumen von Dürren und Stürmen zugesetzt wurde, ist auf der Wanderung unübersehbar – jedoch ebenso die Kraft der Natur, die verwüsteten Flächen zurückzuerobern. An einem Kreis aus Felsbrocken verschiedener Gesteinsarten können wir ausruhen. Und mit geschlossenen Augen lauschen. Der Wald hat auch den Ohren eine Menge zu bieten.

Der Geo-Erlebnispfad beginnt und endet *An der Eiche* in Niedernhausen-Oberjosbach, unmittelbar am Waldrand.

Römerkastell Saalburg
Archäologischer Park
Am Römerkastell 1
61350 Bad Homburg
v.d. Höhe
06175 93740

Berggasthof Herzberg
Herzbergturm 1
61350 Bad Homburg
v.d. Höhe
06172 7646161

42 Von kaiserlichen Freuden und Funden

Römerkastell Saalburg

Das Römerkastell Saalburg führt uns auf zweierlei Weise zurück in die Geschichte. Zum einen dank seiner reichhaltigen Sammlung antiker Exponate, zum anderen anhand der Anlage selbst, die zwischen 1897 und 1907 auf das Bestreben Kaiser Wilhelms II. auf den römischen Fundamenten errichtet wurde. Viel Substanz war nicht mehr vorhanden gewesen, nachdem die römischen Überbleibsel seit dem Mittelalter als Steinbruch fungierten. Der Bad Homburger Architekt und Altertumsforscher Louis Jacobi leitete die grundlegenden Ausgrabungen und den Wiederaufbau zur Kaiserzeit so geschickt, dass die Anlage in einem nahezu originalgetreuen Zustand erstrahlte. Eine bemerkenswerte Leistung in der damaligen Zeit! 100 Jahre später machte sich wiederum der nagende Zahn der Zeit bemerkbar, weshalb die Saalburg nach der Erklärung zum UNESCO-Welterbe im Jahr 2005 von Grund auf saniert und zum »Archäologischen Park« umgestaltet wurde. 2014 waren diese Arbeiten abgeschlossen.

Die Lage auf dem Taunuspass hatten die römischen Erbauer aus strategischen Gründen gewählt. Von Beginn des 2. bis Mitte des 3. Jahrhunderts kontrollierten die Truppen an diesem Verkehrsweg die Grenze zu den germanischen Stammesgebieten. Nach dem Rückzug der Römer auf die andere Rheinseite verfiel das Kastell. Heute vermittelt uns ein Blick in die Mannschaftsbaracken einen Eindruck vom Dasein der einfachen Soldaten. Wie es einst in den Amtsstuben und Waffenkammern zuging, zeigt die Dauerausstellung in anderen rekonstruierten Gebäuden. Viele der gezeigten Gegenstände wurden an Ort und Stelle zu Tage befördert. 1723 etwa wurde eine Schrifttafel entdeckt, die den römischen Kaiser Caracalla ehrt. Andere Funde stammen von Ausgrabungen seit 1853. Der *Kastell Guide* auf unserem Smartphone berichtet anschaulich vom Leben und Alltag der Legionäre.

Vom Parkplatz am Römerkastell Saalburg führt ein Rundwanderweg in sechs Kilometern hinauf zum Herzbergturm mit tollem Panoramablick. Schmecken lässt man es sich oben im Berggasthof Herzberg.

Freilichtmuseum Hessenpark
Laubweg 5
61267 Neu-Anspach/
Taunus
06081 5880

Hessenpark-Gastronomie
Wirtshaus Zum Adler und
Café-Restaurant »Markplatz 11«
Laubweg 1
61267 Neu-Anspach/
Taunus
06081 9498969
(Reservierung)

48 Streifzüge durch die Vergangenheit

Freilichtmuseum Hessenpark

Wie mag dörfliches Leben in früheren Jahrhunderten ausgesehen haben? Wie wohnte eine Familie vor 400 Jahren? Mehr als 100 Gebäude und ein Freigelände von 65 Hektar warten im Hessenpark auf ihre Erkundung. Die Ensembles sind zusammengefasst in die Baugruppen Marktplatz, Mittelhessen, Nordhessen, Osthessen, Rhein-Main, Südhessen und die Werkstätten. Ein unvergleichlicher Rundgang, der an heimeligen Plätzen oder in den historischen Gasthäusern zum Innehalten einlädt.

Wie arbeiteten Schmied, Wagner und Spengler? Wie wurde gebacken, gesponnen und ein Korb geflochten? In der Hauptsaison geben kundige Handwerker einen Einblick in den Arbeitsalltag ihrer damaligen Berufskollegen. Fragen Sie an der Museumskasse, welche Kunstfertigkeiten während Ihres Besuchs zu beobachten sind. Zur gezielten Planung lohnt sich vorab ein Blick in den reich gefüllten Veranstaltungskalender auf der Homepage des Hessenparks. Führungen, Themenwochenenden, Sonderausstellungen, Märkte und Feste wechseln sich im Lauf des Jahres ab.

Weil das Auskommen der Landbewohner damals ohne Tiere nicht möglich gewesen wäre, sind Schweine, Schafe, Ziegen sowie Rinder der Rasse »Rotes Höhenvieh« als Stellvertreter alter, schützenswerter Haustierrassen im Hessenpark eingezogen. Ein Bummel durch die Läden und Werkstätten rundet die Exkursion in die Vergangenheit ab. Bürstenmacher, Goldschmiede und Uhrmacher demonstrieren ihr Handwerk und präsentieren ihre Produkte. Nebenan gibt es frisches Brot und Süßes vom Bäcker sowie allerlei hessische Spezialitäten. Wer sich ausschließlich auf dem Marktplatz umsehen möchte, erhält – von Ausnahmen abgesehen – freien Zugang. Nennen Sie Ihren Wunsch an der Museumskasse. Besucher mit Eintrittskarte dürfen sich auf dem gesamten Gelände aufhalten.

Zünftig speisen auf guthessisch im Wirtshaus Zum Adler oder im Café-Restaurant »Marktplatz 11«. Die Gasthäuser am Marktplatz des Museums dürfen auch ohne Eintrittskarte besucht werden (außer an Markttagen).

Eschbacher Klippen
Wanderparkplatz
Eschbacher Klippen
Michelbacher Straße
61250 Usingen-Eschbach

Freizeitpark Lochmühle
61273 Wehrheim
06175 790060

44 Kraxeln am Naturdenkmal

Eschbacher Klippen

Auf sechs Kilometern erstreckt sich der Usinger Quarzgang durch die Taunuslandschaft. Das mächtige Steinband, das sich vor etwa 270 Millionen Jahren ausgebildet hat, verläuft weitgehend unterhalb der Erdoberfläche und durchbricht nur an wenigen Stellen das Erdreich. Davon sind zwei markante oberirdische Gesteinsformationen der Buchstein und der Saienstein, die zusammengenommen die Eschbacher Klippen bilden.

Weithin sichtbar auf einer Waldlichtung, erhebt sich der lang ausgedehnte Buchstein nahezu senkrecht und erscheint so urtümlich wie die Fundamente einer urzeitlichen Burg. Das Felsenband ragt bis zu zwölf Meter hinauf und bietet Kletterfans reichlich Möglichkeiten, sich auszuprobieren. Die beinahe vertikale Vorderseite ist nicht jedermanns Sache und nur für Sportliche mit Kenntnissen und angemessener Ausrüstung geeignet. Felshaken sind gesetzt. Eigene Haken und Magnesia dürfen auf dem Naturdenkmal nicht verwendet werden. Leichter lässt sich die flachere Rückseite erklimmen und auch von größeren Kindern bewältigen. Trotzdem, hüben wie drüben ist Vorsicht geboten, damit das Kraxelvergnügen nicht mit Blessuren endet.

Eingebettet in Wald und Wiesen ist das Areal rund um den Buchstein ein zauberhafter und familienfreundlicher Ort, der ab dem Wanderparkplatz Eschbacher Klippen in wenigen Minuten zu Fuß zu erreichen ist. Zum Buchstein folgen wir der Ausschilderung »Eschbacher Klippen«. Wer den Saienstein erkunden möchte, geht vom Parkplatz Eschbacher Klippen ein Stück in nördlicher Richtung. Der Spaziergang zu diesem, auch Kaiser-Friedrich-Felsen genannten Naturdenkmal lässt sich zu einer Vier-Kilometer-Runde erweitern. Weitere Wandertipps sind auf den Hinweistafeln am Parkplatz aufgeführt.

Boot und Traktor fahren, auf dem Karussell kreiseln oder Kuscheln im Streichelzoo: Im Freizeitpark Lochmühle warten allerhand Entdeckungen für unternehmungslustige Familien.

Westerwald

Das Werther-Mural
Goethe-Kunst in Wetzlar vom Künstlerkollektiv 3Steps beim

Lottehaus
Lottestraße 8–10
35578 Wetzlar
06441 994140

Leica Welt
Am Leitz-Park 5
35578 Wetzlar

45 Goethe, Leica und ein Reichsgericht

Spaziergang durch die Altstadt

In Wetzlar, dem östlichen Tor zum Westerwald, lohnt es sich, vor der Weiterfahrt ein wenig zu verweilen. Das tat dereinst auch der große Goethe, wobei der spätere Dichter-Star damals noch ein kleiner Rechtspraktikant war. Und als der sollte er in der damaligen deutschen Rechts-Hauptstadt – das war tatsächlich einmal Wetzlar! – im Reichskammergericht einen Teil seiner Juristen-Ausbildung absolvieren.

Goethe aber, ganz schön gerissen, ließ sich so geschickt registrieren, dass tags drauf, welch ein Zufall, die Sommerferien begannen. Und die genoss der angehende Jurist als »Götz der Redliche« vor Ort in vollen Zügen – kein Wirtshaus und kein Damenrock soll vor ihm sicher gewesen sein. So entflammte sein Herz auch für eine gewisse Charlotte Buff, Tochter des örtlichen Deutschorden-Amtmanns. Um es kurz zu machen: Lotte war verlobt und versprach Goethe nichts außer Freundschaft. Der, tief frustriert, verarbeitete Teile seiner unerfüllten Liebe zu Lotte in Wetzlar in seinem Roman *Die Leiden des jungen Werther,* der damit auch Wetzlar ein Denkmal setzte.

Davon hat die Stadt mehrere. Zum Beispiel den eintürmigen und deshalb unvollendeten Mariendom mit seinen unterschiedlichen Baustilen und einer multikonfessionellen Nutzung. Oder das älteste Fachwerkhaus der Stadt von 1356. Überhaupt überzeugt die Altstadt mit allerlei gepflegtem Fachwerk und markanten Schieferdächern. Die alte Lahnbrücke aus dem 13. Jahrhundert erinnert an die geografische Bedeutung der Stadt am alten Handelsweg von Frankfurt nach Köln, der auch durch den Westerwald führte. Und am Brodschirm 2 verbrachte August Bebel, ein Mitbegründer der deutschen Sozialdemokratie, seine Jugend und Lehrjahre. Übrigens: Ich selbst habe, bin ich unterwegs, immer ein Stück Wetzlar am Mann – eine Leica-Kamera.

Das Kleinbildformat für Kameras wurde in Wetzlar erfunden – in der *Leica Welt* im Leitz-Park wird das anschaulich ausgestellt.

Probbacher Sauerborn
im Wald an der
Brunnenstraße (Ortsausgang)
35794 Mengerskirchen-Probbach

Gemeindeverwaltung Mengerskirchen
Schlossstraße 3
35794 Mengerskirchen
06476 91360

46 Die Sache mit dem Selterswasser

Probbacher Sauerborn

Selters gehört zu den frühesten Markennamen und ist weltweit bekannt. Er steht für Mineralwasser oder kurz »Sprudel«. Doch der Ort Selters im Westerwald hat leider mit dem Selterswasser nichts zu tun. Dennoch wäre das Selterswasser wahrscheinlich ohne die Westerwälder längst nicht so früh bekannt geworden. Außerdem liegt der Brunnen, dem das Selterswasser den Namen verdankt, nur wenige Kilometer vom geografischen Westerwald entfernt im heutigen Selters-Niederselters im Taunus. Und da wäre noch das taunusseitige Selters an der Lahn. Dessen Nachbarquellen befinden sich sogar auf der Westerwälder Lahnseite. Von da sind es nur wenige Kilometer nach Probbach, wo seit mindestens 1485 eine Mineralquelle nicht nur bekannt ist, sondern auch gefasst wurde und bis heute genutzt wird. Inmitten einer von acht Säulen umringten Quellfassung entspringt der *Säuerling*, der zeitweise als Heilwasser verkauft wurde. Auch das weltberühmte Fachinger Wasser kommt zum Teil auf der Westerwaldseite des Lahntales aus dem Boden, obwohl der Ort sich auf der gegenüberliegenden Seite des Flusses im Taunus befindet.

Aber was hat denn nun der Westerwald mit der weltweiten Verbreitung des Selterswassers zu tun? Mitten in der Region liegt das Kannenbäckerland mit seinem weltweit bekannten Tonvorkommen. Dort wurden seit dem 17. Jahrhundert aus Steinzeug die sogenannten Selterswasserflaschen hergestellt, die aber eigentlich keine Flaschen waren, sondern schlanke Tonkrüge, die mit einem Stopfen verschlossen werden konnten. An manche bekannte Mineralquelle wurden sie zu Hunderttausenden geliefert, um dort mit Mineralwasser befüllt und in die ganze Welt verschickt zu werden. Die Krüge trugen meistens einen Stempel, der ihre Herkunft (zum Beispiel Probbach) bezeugte. Heute sind die Krüge bei Sammlern begehrt. Nach 1900 wurden sie fast vollständig von Glasflaschen abgelöst.

Wer mitten in einer Stadt Mineralwasser trinken will, kann das am Rathaus in Montabaur tun. Dort wird regelmäßig Wasser aus dem Sauertal hochgepumpt.

Weilburger Schifffahrtstunnel
Ahäuser Weg
35781 Weilburg

Tourist-Information Weilburg
Marktplatz 3
35781 Weilburg
06471 31467

47 Wie die Lahn durch den Felsen kam

Weilburger Schifffahrtstunnel

Eigentlich gehört der in Deutschland einzigartige Weilburger Schifffahrtstunnel nicht mehr zum Westerwald, da er den Mühlberg durchbricht, der auf der Taunusseite der Lahn liegt. Eigentlich – denn gleichzeitig führt der Tunnel einen (künstlichen) Teil der Lahn. Und damit gehört er wenigstens zur Hälfte zum Westerwald. Und er ist wirklich für viele Menschen ein Lieblingsplatz – sei es für Kanufahrer, die den Tunnel durchqueren, oder für Leute, die einfach gern das rege Treiben an der handbetriebenen Doppelschleuse des Tunnels beobachten. Immerhin müssen hier 4,65 Meter Höhenunterschied überwunden werden. Die überwindet auch die Lahn auf ihrem Weg um die auf Felsen thronende alte Residenzstadt Weilburg mittels zweier Wehre.

Aber warum gibt es den Schifffahrtstunnel überhaupt? Er war Mitte des vorvergangenen Jahrhunderts ein Teil der Schiffbarmachung der Lahn, welche vor allem der Industrie dienen sollte. Der 165 Meter lange Tunnel wurde schon 1847 eröffnet. Doch allzu lange hatte der Gütertransport auf dem Wasser im Lahntal keine Bedeutung, denn schon 1862 wurde die Lahntalbahn gebaut. Auch die erforderte einen Tunnel durch den Felsen. Jüngst folgte als dritte Röhre ein Straßentunnel.

Ein anderes Weilburger Wasserbauprojekt wurde erst in den vergangenen Jahren richtig erforscht: die Wasserreservoirs, die von der Westerwaldseite aus seit Anfang des 18. Jahrhunderts die Versorgung des Schlosses mit Brauchwasser sicherstellten. Heute können die freigelegten Reservoirs besichtigt werden. Aber auch das Weilburger Schloss selbst mit seinen Terrassen und Gartenanlagen sowie das benachbarte Bergbau- und Stadtmuseum lohnen einen Besuch. Im *Tiefen Stollen* des Museums kann man sogar mitten in der Stadt den Untertageabbau von Eisenerz erkunden.

Für die Durchquerung des Schiffstunnels können Kanus ausgeliehen werden, mit denen man dann auf der Lahn paddeln kann (www.weilburger-boote.de).

Der Unica-Bruch im
Lahn-Marmor-Museum
Oberau 4
65606 Villmar
06482 6075588

48 Vom Marmor, der gar keiner ist

Lahn-Marmor-Museum

Auf den ersten Blick ist es ein rätselhafter Ort: Bei Villmar an der Lahn ist über einen ehemaligen Steinbruch ein großes weißes Zeltdach gespannt. Wer in den Unica-Bruch hinabsteigt, findet unter dem Zelt Felswände – zum Teil glatt poliert. Diese wurden von Meereslebewesen aufgebaut, die zwischen Schwämmen und Korallen angesiedelt waren, die nun aber längst ausgestorben sind: Stromatoporen. Die Felswand ist also eigentlich ein früheres Stromatoporen-Riff.

Entstanden ist der Lahnmarmor vor rund 380 Millionen Jahren. Weite Teile des heutigen Deutschland waren zu dieser Zeit von einem Meer bedeckt. Durch Vulkantätigkeit in diesem devonischen Meer wurden Felsen ausgebildet, die bis knapp unter die Wasseroberfläche reichten. Darauf entstanden die Stromatoporen-Riffe und daraus schließlich der schön bunte Lahnmarmor. Der ist geologisch gesehen nur überhaupt kein Marmor, sondern ein polierfähiger Kalkstein, der lange Zeit rund um Villmar aus dem Berg geschnitten wurde. So auch im Unica-Bruch, der heute Teil des Lahn-Marmor-Museums ist und wo man an einigen polierten Stellen in der Wand nicht nur den schönen »Marmor« erkennen kann, sondern auch die Lebewesen, die ihn »gebaut« haben.

Aber sei es drum, verrückt genug ist es: Der Lahnmarmor fand vielfach Verwendung an prominenter Stelle, so etwa im Mainzer, Berliner und Würzburger Dom, in der Abtei St. Matthias in Trier, im Weilburger Schloss, in der Klosterkirche Amorbach, in der Eremitage in St. Petersburg, im Kreml, im Empire State Building in New York, im Wiesbadener Kurhaus und im Palast des Maharadschas von Tagore/Indien. Leider wurde der Lahnmarmor 1989 zum letzten Mal abgebaut. Heute geben die zahlreichen Stationen des Villmarer Lahn-Marmor-Weges dem Besucher einen Einblick in Entstehungsgeschichte, Abbau, Verarbeitung und auch Ästhetik dieses außergewöhnlichen Werksteins.

Wohl der berühmteste Lahnmarmor kommt aus dem kleinen Westerwaldort Schupbach. Hier ist er in der auf romanische Wurzeln zurückgehenden Kirche verarbeitet.

Lubentiusbasilika
Reckenforst 5
65553 Limburg-
Dietkirchen
06431 6166

49 Hier residierte der Bischof (nicht)

Lubentiusbasilika in Dietkirchen

Jaja – spätestens seit dem Bischof, der sich ein viele Millionen Euro teures Haus mit luxuriöser Badewanne und Koi-Becken bauen ließ und deswegen sein Amt abgeben musste, ist Limburg an der Lahn in aller Munde. Aber da der Bischof am Dom wohnen wollte, lebte er nicht im Westerwald. Denn der größte Teil von Limburg liegt jenseits der Lahn und damit im Taunus. Übrigens: Sein beliebter Vorgänger, Bischof Kamphaus, wählte bewusst mit seiner bescheidenen Wohnung in der Brückenvorstadt den Westerwaldteil von Limburg als Wohnsitz. Und von der Seite hat man auch den schönsten Blick auf den prachtvollen Dom hinüber, der seit fast 800 Jahren hoch auf Felsen über der Lahn thront.

Man kann es auch ruhiger als im Kern der quirligen Domstadt haben, aber nicht weniger eindrucksvoll: Unter der neuen Autobahnbrücke hindurch geht es wenige Kilometer lahnaufwärts in das eingemeindete Dietkirchen mit einer der ältesten und stolzesten Kirchen des Westerwaldes. Wie der Dom, aber auf der anderen Flussseite, thront die ehemalige Stiftskirche hoch auf einem Felsen. Mit zwei mächtigen Türmen, die oben durch eine vielleicht mittelalterliche Holzbrücke verbunden sind, ragt sie in den Himmel empor. Die erste Steinkirche an diesem Ort wird schon um das Jahr 730 vermutet. Im Jahr 838 wurde die erweiterte Kirche eingeweiht, damit sie die Gebeine des heiligen Lubentius aufnehmen konnte, die in dieser Zeit von Kobern an der Mosel nach Dietkirchen gebracht wurden. Im 10. und 11. Jahrhundert fand die Erweiterung zu einer dreischiffigen Basilika mit mehreren Jochen statt. Umrahmt wird die Lubentiusbasilika im Südosten von der Dreifaltigkeitskapelle und im Nordwesten von der Michaelskapelle. Mit den Stiftsgebäuden bildete das Ganze eine Art Kirchenfestung, die auch heute noch ihre Wirkung nicht verfehlt.

Ein Rundgang durch die Limburger Altstadt mit dem Dom und Fachwerkhäusern, die zu den ältesten in ganz Deutschland gehören, ist ein Muss.

Eisstollen an der Dornburg
65599 Dornburg
L3278 Richtung 65599 Wilsenroth,
rechts in den Wald abbiegen

Gemeinde Dornburg
Rathaus Frickhofen
Egenolfstraße 26
65599 Dornburg
06436 91310

50 Ewiges Eis unter dem Berg der Kelten

Eisstollen

Im Juni 1839 entdeckten Arbeiter, die im Geröllfeld am Südhang der hessischen Dornburg Steine für einen Weg abtrugen, einen halben Meter unter der Erde Eis. Das seltene Phänomen wurde wissenschaftlich untersucht. Dabei wurde festgestellt, dass die Eisschicht eine Stärke von fünf bis acht Metern hat. Das brachte einen findigen Bierbrauer auf die Idee, den kalten Hang fürs Kühlen des frischen Gerstensafts zu nutzen. Also errichtete er am Fuß der Dornburg nicht nur eine kleine Brauerei, sondern ließ auch die beiden heute noch vorhandenen Eisstollen anlegen.

Schnee, der im Winter in die Stollen geschaufelt wird, schmilzt nur ganz langsam. Mit ein bisschen Glück halten sich Reste bis fast in den nächsten Winter. Wenn man sich im Sommer vor die Mundlöcher stellt, spürt man den eiskalten Hauch des ewigen Eises, das allerdings nicht ewig währte, wenn sich ein Teil davon nicht jedes Jahr im Winter neu bilden würde. Durch physikalische Vorgänge tritt im Winter im oberen Teil der Geröllhalde die warme Luft aus dem Berg. Dort bleibt dann auch bei Minustemperaturen kein Schnee liegen.

Die Dornburg wartet noch mit weiteren Besonderheiten auf: Von den Eisstollen aus kann man über den Hildegardisfelsen, der einen wunderbaren Blick ins Limburger Becken ermöglicht, auf das Bergplateau mit seinem großen Ringwall aus Basalt aufsteigen. Die heutige Großgemeinde Dornburg erhielt von dieser Ringburganlage ihren Namen. Es sind die Reste eines keltischen »Oppidum« aus dem 6. Jahrhundert vor Christus. Leider wurde ein Teil des weitläufigen Areals durch den Basaltabbau zerstört. Doch wenn man durch die Öffnung im gut zu erkennenden Wall spaziert und auf die freien Weideflächen kommt, kann man sich mit wenig Fantasie gut vorstellen, wie die Kelten dort einst gelebt haben.

Der Blasiussteig hat eine Länge von 20 Kilometern und führt natürlich auch auf den Blasiusberg mit der auf romanische Wurzeln zurückgehenden Blasiuskapelle.

Kranstein
56459 Weltersburg
Rechts der Straße nach
56459 Willmenrod, kurz
nach Beginn des Waldes

Tourist-Information
WällerLand
»Alter Markt«
Marktplatz 6
56457 Westerburg
02663 291495

51 Hier spuckte einst der Vulkan Feuer

Kranstein

Zu meinen ganz persönlichen Lieblingsplätzen gehört seit vielen Jahren das kleine Dörfchen Weltersburg in der Nähe von Westerburg. Es hat so einiges, was nicht jedes Dorf hat, und manches gibt es nur hier. Zum Beispiel das weitaus älteste Denkmal des Dorfes, außerhalb des Ortes rechts der Straße nach Willmenrod. Dort befindet sich der Kranstein, ein fächerförmiger Schlot aus Basalt, an dem man sehr gut erkennen kann, wie in einem Vulkan das heiße Magma aus dem Erdinnern nach außen getrieben wird. Dass das so gut zu sehen ist, verdanken wir dem früher im Westerwald sehr verbreiteten Basaltabbau. Auch am Kranstein gab es einen Steinbruch, dessen Betrieb aber »rechtzeitig« eingestellt wurde, sodass die wunderbar angeschnittene Basaltformation glücklicherweise erhalten blieb. Heute gehört sie zu den besonderen Geotopen im Geopark Westerwald-Lahn-Taunus.

Mitten in Weltersburg steht das älteste Windrad im Westerwald, das vor dem Boom der Windkraftanlagen lange Zeit das einzige in der ganzen Region war. Gebaut wurde es schon 1912, um damit Trinkwasser zu pumpen. Heute ist es ein technisches Denkmal und das Wahrzeichen des Ortes. Nicht zu übersehen ist auch das im 16. Jahrhundert erbaute weiße Schlösschen am Ortseingang, genannt das Reifenberger oder Brambacher Schlösschen. Es war einst Burgsitz der Wäller Linie derer von Reifenberg und hat ein Giebeldach mit zwei Zwerchhäusern und an allen vier Ecken kleine Rundtürme.

Früher war die Weltersburg das Wahrzeichen der kleinen Stadt. Ja, richtig gelesen: Das Dorf erhielt schon 1314 Stadtrechte. Von der Burg, die zur Sicherung der Köln-Frankfurter Straße um 1200 erbaut wurde und sich über dem Ort auf dem Küppel erhob, gibt es noch geringe Reste, die erwandert werden können. Eine wunderbare Aussicht auf das Westerwälder Kuppenland und das Elbtal ist der Lohn des Aufstiegs.

Einmal im Jahr lädt der Schmiedeclub Weltersburg zum Schmiedefest ein. Hier gibt es Vorführungen, Fahrzeuge und Maschinen in Hülle und Fülle zu sehen.

Holzbachschlucht
Startpunkt: Parkplatz Holzbachschlucht zwischen
56459 Gemünden und
56479 Seck/Westerwald

Dappricher Hof
56479 Seck/Westerwald
02663 918720

52 Wasserkraft schafft sogar Basalt

Holzbachschlucht

Hier gurgelt das Wasser, plätschert über Steine und reißt auch den einen oder anderen kleinen Baum mit sich: Unterhalb von Seck gräbt sich der Holzbach bis in Höhe von Gemünden durch den Abhang der Basalthochfläche des Hohen Westerwaldes. Über Jahrtausende hat die Kraft des Wassers sogar das äußerst widerstandsfähige und harte Westerwälder Gestein »geschafft« und sich auf der Länge von etwa einem Kilometer bis zu 30 Meter tief hineingefressen.

Die Holzbachschlucht wäre aber wahrscheinlich nur ein ganz gewöhnlicher von mehreren Bachdurchbrüchen im Westerwald, wäre sie nicht schon 1929 als Naturschutzgebiet ausgewiesen worden. Über die Jahrzehnte konnte sich dort eine recht urwüchsige Landschaft entwickeln, weil sich das Gebiet weitgehend selbst überlassen blieb. So machen nun nicht nur Basaltblöcke und steile Felswände Lust, die Schlucht genauer zu erkunden, sondern auch alte Bäume, die kreuz und quer liegen und manchmal sogar den Westerwaldsteig versperren, der mitten durch die Schlucht führt. Über einen etwa drei Kilometer langen Rundweg, der auf zwei Brücken den Holzbach kreuzt, lässt sich die wildromantische Schlucht erkunden. Informationstafeln machen unterwegs mit dem Bachdurchbruch und den hier lebenden Pflanzen und Tieren vertraut. Doch Obacht: Bei nassem Wetter kann der Pfad, der zum Teil direkt an den Rändern der Schlucht entlangführt, ganz schön rutschig werden. Gute Schuhe mit einer griffigen Sohle sollte man da schon anhaben, zur Sicherheit am besten sogar bei trockener Witterung.

Wer oberhalb der Schlucht weiter in Richtung Hofgut Dapprich wandert, kann noch einen besonderen Ort der Stille erleben: Direkt am Weg liegt am Waldrand der kleine Privatfriedhof der Familie Schneider, die das alte Hofgut auch heute noch bewirtschaftet.

Auf dem Hofgut Dapprich, ein Stück oberhalb der Holzbachschlucht, bietet sich das gemütliche Hofcafé für eine kleine Pause an.

Burg Greifenstein
Talstraße 19
35753 Greifenstein
06449 6460

53 Wo fast 100 Glocken zu Hause sind

Burg Greifenstein

Die landschaftsbeherrschende Höhenburg Greifenstein in spektakulärer Lage ist nicht nur das weithin sichtbare Wahrzeichen der Region um die Gemeinde Greifenstein, sondern auch die Namensgeberin eines Wanderweges: der Greifenstein-Schleife. Doch bevor wir uns auf den Weg machen, ist der Besuch der Burg ein Muss: Die *Glockenwelt Burg Greifenstein* mit fast 100 Glocken lädt zu einem aufschlussreichen Gang durch eine 1.000-jährige deutsche Glockengeschichte ein. Zudem befindet sich in der Burg eine der recht wenigen barocken Doppelkirchen Deutschlands.

Nach einer kurzen Rast in der Burggaststätte bietet die Greifenstein-Schleife Wandern mit viel Wasser. Vom Dorf unterhalb der Silhouette des »Greifen« aus kommt der Wanderer vorbei an der Burgruine Lichtenstein zur schön gelegenen Ulmbachtalsperre, die im Sommer zum Baden einlädt. Hinter Rodenroth zieht sie sich über den Rasenberg dahin, von wo aus man bei gutem Wetter die Aussicht auf fast den gesamten Taunus genießen kann. Auf der nächsten Etappe erreicht der Weg im Bergwald oberhalb von Nenderoth den nach diesem Dorf benannten Wasserfall: Hier stürzt sich der Leyenbach über die Felsen. Bei gutem Wasserstand – vornehmlich im Frühjahr und Herbst – bildet er eine besonders malerische Kulisse. Im Winter verwandelt er sich in eine natürliche Eisskulptur.

Oberhalb von Arborn geht es zum Landschaftsschutzgebiet Hahrehausen, wo man das Adolf-Weiss-Denkmal findet. Der Heimatdichter war der Schöpfer des Westerwaldgrußes »Hui!« – »Wäller?« – »Allemol!«. Die letzte Etappe der Greifenstein-Schleife führt an der Krombachtalsperre vorbei auf den Westerwaldsteig bei Rehe. Von hier aus kann man die Strecke als Rundwanderweg über die Fuchskaute und Herborn zurück nach Greifenstein fortsetzen. Die Gesamtlänge der Strecke beträgt etwa 68 Kilometer.

Im *Fledermaushaus* in Greifenstein, Ortsteil Allendorf, kann man sich über die Lebensgewohnheiten der etwa 1.000 Fledermäuse informieren, die dort leben.

Schauhöhle Herbstlabyrinth Breitscheid
An der Kreisstraße 68
35767 Breitscheid
02777 913321

54 Ein Bach verschwindet im Höhlensystem

Schauhöhle Herbstlabyrinth Breitscheid

Für mich ist die Region um Breitscheid in Hessen eine der Top-Gegenden im Westerwald – und das vor allem wegen der geologischen Besonderheiten. Denn es gibt hier ein richtiges Karstgebiet, also eine Region mit unterirdischen, ausgewaschenen Kalkfelsen. Darin verschwindet unterhalb von Breitscheid der komplette Erdbach und kommt erst nach einem Kilometer oberhalb vom gleichnamigen Ortsteil wieder zum Vorschein. Mit Farbe markiertes Wasser hat gezeigt, dass er viele Kilometer unter der Erde unterwegs ist.

Und in diese Untertagewelt kann jeder eintauchen: Das *Herbstlabyrinth* ist das größte Höhlensystem Hessens und eines der bedeutendsten Höhlensysteme Deutschlands. Es hat eine vermessene Gesamtganglänge von mehreren Kilometern bei einem Höhenunterschied von nahezu 80 Metern. Seit der Entdeckung 1993 ist immer wieder Spektakuläres gefunden worden, so zum Beispiel die großflächigen Kalküberzüge im *Hessentunnel* und in der *Knöpfchenhalle*. 2009 wurde die Höhle durch einen Stollen für die Öffentlichkeit zugänglich gemacht und gilt seither als Schaufenster der Juwelierkunst der Erde. Die Fußwege bestehen aus mit Glasfasern verstärkten Kunststoffstegen. Erstmalig in Europa wurde hier eine Tropfsteinhöhle vollständig mit LED-Lichttechnik ausgestattet. Die vermittelt dem Besucher den Eindruck, als sei dieses Licht von Natur aus in der Höhle. Einfach irre!

Im Museum *Zeitsprünge* in Erdbach können die Besucher die geologischen Grundzüge der Erdgeschichte, die Besiedelung durch den Menschen und eine reichhaltige Flora und Fauna, insbesondere des hessischen Westerwaldes, studieren. Mit seinen Bereichen Urzeit-Erlebniswelt, Archäologie und Höhlenforschung sowie dem angegliederten Karstlehrpfad, der auf festen Wegen durch Hessens ältestes Naturschutzgebiet führt, bietet es den perfekten Einstieg in die Region.

Wer nicht so tief unter die Erde will, kann in der Nähe die Kleine und Große Steinkammer besuchen, zwei Höhlen, die schon in Urzeiten besiedelt waren.

Fuchskaute
56479 Willingen

Informationen:
NABU-Rennerod

55 Das ist der Gipfel – rauf aufs Dach

Die Fuchskaute

Nach einer Stunde im Fahrradsattel begreife ich zweierlei. Erstens: Die Behauptung aus dem alten Westerwald-Gassenhauer, der Wind würde so kalt über diese Höhen pfeifen, ist Quatsch. Nichts bewegt sich heute, flautiger geht's nicht. Die mich umgebenden Windräder stehen wie Beton-Gerippe auf Null-Diät in der Landschaft. Die zweite Erkenntnis brennt und zieht in den Oberschenkeln: Der Westerwald steht zu Recht als Mittelgebirge in den Lexika.

Ich bin zu meiner kleinen Schleife (gut 50 Kilometer) im Kneipp-Kurort Bad Marienberg gestartet und rolle eine gute Stunde fröhlich pfeifend auf dem Nister-Radweg dahin. Flache Wege, mal Asphalt, mal Waldboden, selten Straße – »easy cycling«. Doch dann kommt sie, die Bergwertung. Es geht hinauf aufs Dach des Hohen Westerwalds, auf eine Erhebung, in der der Fuchs seine Kaute (Höhle) hat und die folglich *Fuchskaute* heißt, immerhin 657 Meter über null.

Nun gut: Im bergigen Weltmaßstab ist die höchste Erhebung des Westerwaldes ein Winzling, ein Zwerg-Hügel vulkanischen Ursprungs. Wer sie freilich als Otto-Normal-Radler erfährt, freut sich über jede Unterstützung. Gut, dass das E-Bike mir einen Strom-Schub anbietet, sonst sähe ich alt aus. Den höchsten Punkt im hohen Westerwald nimmt man nicht mal eben mit links. Zumal auch – siehe oben – der Wind pennt und null Unterstützung von hinten bietet. Angekommen auf dem Hochplateau gibt's quasi zur Belohnung den Rundum-Sonne-satt-Panoramablick und einen kühlen Schluck aus der Pulle – man sieht klar und weit, kann sogar die Rheinebene erahnen. Auch die nahen Windräder stören nur wenig. Zudem hat man hier die Qual der Wahl, denn die Fuchskaute unterteilt sich in eine Nord- und eine Südkuppe mit drei nahe beieinanderliegenden Anhöhen. Im Sommer ist die Fuchskaute bei Radlern und Wanderern beliebt, im Winter sind Ski-Loipen gespurt.

Auch auf dem Westerwald- und dem Rothaarsteig geht's hoch auf die Fuchskaute. Als Belohnung für die Plackerei gibt's einen herrlichen Rundblick.

Barockkirche
Kirchplatz 1
57567 Daaden
02743 2375

56 Hallo, Engel

Barockkirche mit Kirchturmengel

Auf nach Daaden im Kreis Altenkirchen! Auf der Turmspitze der 1722/24 erbauten evangelischen Barockkirche prangt als Wetterfahne und als Wahrzeichen der Gemeinde ein Hahnengel. Ein Hahnengel? Nie gehört! Hatte da etwa ein Hahn was mit einem Engel?!

Die Geschichte des Daadener Hahnengels geht bis in die Anfänge des Kirchenbaus am Ort zurück. Da wollten die einen als Wetterfigur – wie vielerorts üblich – einen Hahn, die anderen bevorzugten einen Engel als Wetterboten. Will man dem Volksmund glauben, so soll damals ein regelrechter Streit ausgebrochen sein. Schließlich siegte der Engel, und die Daadener erhielten zugleich ihren bis heute noch in den umliegenden Dörfern gebräuchlichen Spitznamen »Hahnengler«. Heimatforscher Ulrich Meyer kennt noch eine andere Überlieferung. Nach der, so erzählt er uns, ist diese Bezeichnung auf die früher häufigen Vornamen Johann Engel zurückzuführen, hatte doch jede Familie im Daadener Land einen männlichen Nachkommen mit diesen Namen.

Wie dem auch sei: Im Jahre 1731 nahm der vergoldete Engel, ein Kreuz mit der Jahreszahl in Händen haltend, den Platz auf dem 36 Meter hohen Kirchturm ein. Genau 200 Jahre lang kündigte er den Daadenern, die damals als (Nebenerwerbs-)Landwirte noch stark aufs Wetter schauten, eben dieses an. Quasi als ein geflügelter Sven Plöger der frühen Jahre … Je nach der Richtung, in die der Engel sein Gesicht wandte, gab es Sonnenschein oder Regen. Eines Tages passierte dann aber gar nichts, der Engel schien eingeschlafen. Des Rätsels Lösung: Ein Dachdecker hatte sich einen Scherz erlaubt und den Engel einfach festgebunden. Böse, böse! Seit 70 Jahren versieht heute Hahnengel Nummer zwei seinen Wetterdienst auf der Kirchturmspitze, ohne eine Beanstandung, heißt es. Was auch bedeutet: Zu nennenswerten Wetteränderungen kam es nicht …

Das Heimatmuseum des Daadener Landes ist im Obergeschoss der Alten Post in der Ortsmitte untergebracht. Hahnengel Nummer eins lässt sich hier bestaunen.

Steffi und Peter Klöckner laden
zu einer Kostprobe in der
Birkenhof Brennerei
Auf dem Birkenhof
57647 Nistertal
02661 982040

57 Nichts anbrennen lassen

Birkenhof Brennerei

Whisky und Westerwald, das passt. *Fading Hill heißt* der Hochprozenter, den eine kleine Familienbrennerei in Nistertal seit einigen Jahren mit immer wieder neuen »Lebenswässern« aus alten Fässern auf den Markt bringt. In limitierter Auflage. Nur wer zuerst kommt, ist mit von der süffigen Partie beim *Rare German Whisky*.

Die Birkenhof Brennerei ist seit einer halben Ewigkeit ein Familienbetrieb, der buchstäblich keinen Brand anbrennen lässt. Hier wird handwerkliche Brennkunst seit 1848 gelebt: Was einst als traditionelle Kornbrennerei begann, ist heute ein »Schnapsladen«, der auch schon mal andere, schräge, verrückte Wege geht, zum Beispiel mit einem Möhrenbrand. Steffi und Peter Klöckner, die aktuellen Chefs auf dem Birkenhof, legen die Messlatte hoch, wenn sie an neuen Erzeugnissen arbeiten. Sie sagen: »Im Mittelpunkt steht das Produkt, seine Rezeptur, seine kompromisslose Qualität und sein zu erwartendes Genusspotenzial.«

Der Erfolg gibt den beiden dynamischen Westerwäldern recht. Ob flüssige regionale Spezialitäten wie das hochprozentige *Basaltfeuer* oder klassische Edelbrände; ob Liköre, Bierbrände für namhafte Brauereien wie die Hachenburger oder Reissdorf in Köln oder verschiedene Gins: Die Birkenhof Brennerei ist längst in der Top-Liga der deutschen Brand-Manufakturen angekommen. Und wird von der Fachwelt regelmäßig gelobt und ausgezeichnet.

Ihr 175-jähriges Jubiläum feierte die Brennerei 2023 und wurde erstklassig belohnt: Aus dem größten und wichtigsten Wettbewerb für handgemachte Spirituosen ging »der Birkenhof« als »Craft Distillery of the year« hervor.

Alles über die Birkenhof-Brennkunst erfährt man vor Ort auf diversen Destillerie-Seminaren. Und viele lecker-flüssige Westerwälder Spezialitäten – vom Edelbrand bis zu Whisky und Gin – können im nett gestalteten Birkenhof-Shop direkt mitgenommen werden.

Stöffel-Park
Stöffelstraße
57647 Enspel
02661 9809800

58 Geologische Schatzkiste

Stöffel-Park

Klirrende Sporen an Cowboystiefeln sucht man hier vergeblich. Auch ein Sheriff, der nach Recht und Ordnung schaut, fehlt. Schließlich sind ja auch keine Bösewichter vorhanden. Die Kulisse aber stimmt. Die könnte einer verlassenen Goldgräberstadt irgendwo in den Weiten des amerikanischen Westens entliehen sein. Dabei sind wir mitten im Westerwald, sozusagen an seinem Herzen.

Der Tertiär- und Industrie-Erlebnispark Stöffel bei Enspel ist ein Freilichtmuseum, auf dessen Gelände 140 Fußballfelder Platz fänden und das es in sich hat. Und das im wahrsten Sinne des Wortes, denn im Stöffel-Park zeigt sich, wie steinreich das Oberwesterwälder Kuppenland ist – steinreich an Basalt. Das dunkelgraue bis schwarze Ergussgestein wurde hier abgebaut und wird es in einem kleinen Bereich noch heute. Als Museums- und Event-Orte dienen dagegen die alten Industriebauten wie Brechergebäude, Schmiede oder Kesselhaus aus den frühen Jahren des 20. Jahrhunderts. Noch spannender und vor allem älter ist das, was hier und da unter dem Basaltgestein zu finden ist: fossile Schätze aus dem Tertiär, einer Zeitperiode vor Millionen Jahren, als sich die Tier- und Pflanzenwelt, wie wir sie heute kennen, zu entwickeln begann. Gefunden wurde in dieser geologischen Schatzkiste eine Maus, die vor 25 Millionen Jahren gelebt hat und in der Region zu Hause war. Als »Steffi Stöffelmaus« begeistert sie heute die Kinder. Besucher dürfen selbst Hand anlegen, das Gestein brechen und ihre fossilen Funde mit nach Hause nehmen. Bei mir war's zuletzt ein kleiner versteinerter Fisch, der jetzt auf meinem Schreibtisch steht.

Seinen Namen hat der Stöffel-Park übrigens vom Stöffel, einer einstmals fast 500 Meter hohen Basaltkuppe. Sie ist mit den Jahren arg geschrumpft und kaum noch als solche erkennbar.

Kindern und Erwachsenen bietet der Stöffel-Park ein reichhaltiges Seminar- und Event-Programm frei nach dem Motto »Spiel, Spaß, Spannung«.

Alte Burg
Alte Burg 1
56459 Rotenhain
02661 949313

59 Die wiedererstandene Motte

Alte Burg

Alles begann mit einer Motte. Nein, damit ist in diesem Fall nicht der von vielen gar nicht so geschätzte Nachtfalter gemeint, sondern eine sogenannte Turmhügelburg. Das waren kleine, meist hölzerne, turmartige Befestigungsanlagen, die auf einem meist künstlich aufgeschütteten Hügel errichtet wurden und zum Beispiel von einem Wassergraben umgeben waren. Eine solche Motte stand früher ganz in der Nähe von Rotenhain. Das trug ursprünglich übrigens den »schönen« Namen Rotzenhahn – bis die Bewohner die historische Bezeichnung satthatten und ihr Dorf umtaufen ließen.

Die Motte datiert aus der zweiten Hälfte des 13. Jahrhunderts. Erhalten sind die Grundmauern von etwa 15 mal 16 Metern, ein sechs Meter tiefer Brunnen sowie der zwei bis drei Meter breite Burggraben und die zwei Meter hohe Anschüttung. Nach Ausgrabungen in den Jahren 1997 bis 2000 entschlossen sich die Mitglieder des Rotenhainer Vereins Historica, die Burg nach altem Vorbild in den Originalmaßen wiederaufzubauen.

Mittlerweile ist das Riesenprojekt mit viel Eigenleistung geschafft und die spätmittelalterliche Motte in voller Pracht wiedererstanden. Wer sich eine plastische Vorstellung von den früher im Westerwald recht häufigen Motten-Burgen machen will, kommt an der neuen Alten Burg nicht vorbei. Sie ist auch innen liebevoll und rustikal ausgestattet, hat mehrere Ebenen und kann für Feiern und andere Veranstaltungen gemietet werden. Zudem bietet Historica in der direkten Umgebung der Burg Unterhaltungsaktionen an, wie das *Westerwälder Bauerndiplom*, bei dem den Teilnehmern auf spielerische, aber auch anstrengende Weise nahegebracht wird, wie beschwerlich das tägliche (Über-)Leben eines Westerwälder Landwirts in der Mitte des vergangenen Jahrhunderts war.

Rotenhain hat auch eine Freizeitanlage, eine Blockhütte sowie einen Gäste- und Wandertreff mit Übernachtungsmöglichkeit und Burgschenke.

Freilinger Weiher
Rechts der Bundesstraße 8
in Richtung Höchstenbach
56244 Freilingen

Tourist-Information Selters
Am Saynbach 5–7
56242 Selters
(Westerwald)
02626 7640

60 Fastenessen führte zum Freizeitparadies

Freilinger Weiher

Alle Katholiken wissen ja Bescheid: Am Freitag und in der langen 40-tägigen Fastenzeit vor Ostern wird kein Fleisch gegessen. Das gilt natürlich insbesondere für die Mitglieder von katholischen Orden. Aber 40 Tage ohne Fleisch können schon verdammt lang werden. Da muss man sich doch was einfallen lassen. Also legten die Westerwälder Mönche schon ab dem Mittelalter kleine Fischweiher an, denn Fisch fiel ja nicht unter das Freitagsgebot. Mit der bekannteste der sieben Weiher der Westerwälder Seenplatte dürfte der so entstandene Freilinger Weiher sein, der eigentlich Postweiher heißt. Er wird touristisch genutzt und ist ein wahres Freizeitparadies. Es gibt Badestellen, Bootsverleih und Campingplatz.

Einige der Seen stehen allerdings auch unter Naturschutz, können aber in der Regel auf Wanderwegen besucht oder auch umrundet werden. An sumpfigen Stellen wurden dazu eigens Bohlenwege angelegt. Der Sieben-Weiher-Weg verbindet die Gewässer, und der Westerwaldsteig führt an mehreren Weihern vorbei.

Im großen Stil wurde die Westerwälder Seenplatte von Graf Friedrich III. zu Wied (1618–1698), dem Begründer der Stadt Neuwied, in der zweiten Hälfte des 17. Jahrhunderts angelegt. Seit Herbst 2019 sind die Gewässer in Obhut der NABU-Stiftung *Nationales Naturerbe* und damit dauerhaft für die Vogelwelt gesichert. Der größte der sieben Seen ist der 123 Hektar große Dreifelder Weiher. Er erstreckt sich über eine Länge von 2.000 Metern und ist bis zu 800 Meter breit. Der Hauptzufluss des Weihers ist das Flüsschen Wied. Mit etwa 30 Hektar ist der Haidenweiher der zweitgrößte See der Seenplatte. Der Postweiher wurde um 1655 durch das Anstauen des Holzbachs geschaffen. Mit dem Brinkenweiher und dem Hausweiher bildet er eine kleine Kette von Gewässern. Der Hoffmannsweiher diente einst als eine Art Ausgleichsbecken, mit dem der Dreifelder Weiher bei Hochwasser entlastet wurde.

Idyllisch liegt der siebte Weiher, der kleine Wölferlinger Weiher. Die Pflanzen- und Tierwelt seines Naturschutzgebietes ist besonders vielfältig.

Westerwald-Brauerei
Gehlerter Weg 12
57627 Hachenburg
02662 8080

61 Bier und allerlei Brau-Erlebnisse

Westerwald-Brauerei

Man kann in dieser Brauerei beinahe alles machen: Man kann heiraten oder eine Erlebnisführung buchen, man kann im gläsernen Kino die Brauereiwelt erleben, man kann lernen, wie ein Profi zu brauen oder zu zapfen. Man kann auch einfach nur das lokale Bier probieren. Und davon hat die Hachenburger Brauerei gleich eine ganze Palette zu bieten: vom Pils bis zum Radler, vom Schwarzbier bis zum Weizen.

Die Familienbrauerei hat eine lange Tradition. Seit 1861 werden hier feine Bierspezialitäten mit Herz, Verstand und nach traditioneller Art gebraut. Das bedeutet: Die Hachenburger Biere bekommen die nötige Lagerpause bis zu ihrer spritzigen Reife. Der Erfolg gibt den Hachenburgern recht: Handwerklich gebraute Biere liegen im Trend, und so behauptet sich die Westerwald-Brauerei als größte von dreien in der Region trotz massiver Konkurrenz von jenseits der Grenzen im Sauerland, im Frankfurter Raum, an Rhein und Ruhr. Kennengelernt habe ich die Brauerei über eine Erlebnistour mit einem Biersommelier. Der Experte für »Gerstensäfte« aller Art führte unsere Gruppe gekonnt und launig in die so reiche Geschmackswelt der Westerwälder Biere ein. Bei einem darauf abgestimmten Vier-Gänge-Menü konnten wir mit allen Sinnen – fühlen, sehen, riechen, schmecken – verkosten, wie sich Wasserqualität, Rohstoffe, insbesondere unterschiedliche Hefe-Arten, Aromen sowie Gär- und Reifeprozesse auf die verschiedenen Biersorten auswirken. Köstlich. Auch andere Brauerlebnisse, etwa ein Profizapfkurs, machen bierigen Spaß.

Bekannt ist die Brauerei auch für ihren Aromahopfen. Der ist nicht nur eine schöne Garten-Kulisse auf dem Brauereigelände. Der wird auch jährlich beim traditionellen Hopfenpflückerfest im September handselektiert und geerntet. Diesen Aromahopfen lasse ich mir dann in einem Gourmet-Bier der Hachenburger Selection munden. Prost!

Die Westerwald-Brauerei bietet verschiedene Erlebnisführungen – etwa eine spannende Bier-Expedition. Neu ist eine Mikro-Brauerei für Hobby-Brauer.

Landschaftsmuseum Westerwald
Leipziger Straße 1
57627 Hachenburg
02662 7456

62 Das kleine Dorf in der Löwenstadt

Landschaftsmuseum Westerwald

Einen schöneren Platz hätte man vor vielen Jahren, als das Landschaftsmuseum Westerwald aufgebaut wurde, kaum dafür finden können: Direkt am parkähnlichen Burggarten von Hachenburg – der Stadt mit Schloss und Löwenbrunnen – stand seit alters her das Gärtnerhaus der Grafen von Sayn, das zur Kernzelle des Museums wurde. Über die Jahre hinweg ist drum herum ein kleines Dorf gewachsen. Dafür wurden Gebäude in mehreren Orten des Westerwaldes fachgerecht abgebaut und im Landschaftsmuseum wieder aufgebaut.

Eine Scheune, ein Backhaus sowie eine Ölmühle führen hier heute die frühere bäuerliche Versorgung auf dem Land vor Augen. Aktionen und Ausstellungen verdeutlichen immer wieder, wie Tischler, Töpfer, Schmiede und andere Handwerker ihre Gerätschaften erzeugten und wie man sie benutzte. In der Dorfschule, wo noch alle Klassen in einem Raum unterrichtet wurden,. kann man seiner eigenen Schulzeit nachspüren oder dem Nachwuchs zeigen, dass vor gar nicht allzu langer Zeit in der Schule doch vieles anders war. Wer zum richtigen Zeitpunkt in dieses kleine Freilichtmuseum nach Hachenburg kommt, kann bei verschiedenen Museumsfesten durch Ausprobieren, Sehen und Fühlen hautnah miterleben, wie etwa Flachs gesponnen oder wie die Ernte eingebracht wurde. Aber auch an normalen Tagen lohnt sich ein Streifzug durch das Museum. Da wird schnell deutlich, wo der Unterschied lag zwischen dem repräsentativen Wohnhaus des Müllers und dem armseligen Kleinhaus. In einem modernen Ausstellungsgebäude sind immer wieder Sonderschauen zur Geschichte, Geologie, Wirtschaft oder Vereinen des Westerwaldes zu erleben.

Interessant ist zu sehen, wie die einfallsreichen Wäller es schafften, Wohnen und Wirtschaften unter ein Dach zu bringen. Wenn dann der Wind tatsächlich einmal zu stark blies oder gar Schneesturm herrschte, konnte das Vieh versorgt werden, ohne dass man vor die Tür musste.

Ein weiteres kleines Freilichtmuseum ist der Basaltpark Bad Marienberg. Er informiert über die Entstehung des Basaltgesteins und zeigt seinen Abbau.

Zisterzienserabtei Marienstatt
57629 Streithausen
im Nistertal
02662 95350

63 Bei den weißen Mönchen

Zisterzienserabtei Marienstatt

Es ist frühmorgens, kurz nach sechs Uhr. Die imposante Klosterkirche von Marienstatt im Nistertal ist fast noch komplett dunkel. Nur eine einzelne Lampe brennt. Zwei, drei Gläubige haben in den Bänken Platz genommen. Da knarrt eine Tür: Die Mönche in ihren hellen Kutten kommen leise herein und lassen sich im Chorgestühl nieder. Nachdem sie schon ihr Gebet begonnen haben, kommt noch ein Nachzügler aus dem Klausurbereich des Klosters. Besonders eindrucksvoll klingen am frühen Morgen die gregorianischen Gesänge. Ein Ort der Einkehr und Besinnung ist das Zisterzienserkloster Marienstatt wirklich. Um das so richtig spüren zu können, muss man früh aufstehen und dem Morgengebet, der Laudes, der »Weißen Mönche« lauschen.

Das gemeinsame Gebet in lateinischer Sprache ist der Mittelpunkt des Ordenslebens der Zisterzienser. Es enthält, je nach Gebetsstunde (Hore), die Psalmen des Alten Testaments, Hymnen (Lieder), Responsorien (Wechselgesänge) und weitere Lesungen und Gesänge aus den Schriften des Alten und Neuen Testaments. Zum Stundengebet versammelt sich die Gemeinschaft der Mönche viermal täglich im Gotteshaus. Das Chorgebet ist die Quelle, aus der die Mönche Kraft, Ermutigung und Wegweisung für die lebenslange Ausrichtung auf Gott schöpfen.

Der Tagesablauf der Gemeinschaft besteht in einem ständigen Wechsel von Gebet und Arbeit, denn für die Zisterzienser von Marienstatt gilt auch heute noch der Leitsatz des heiligen Benedikt: »Ora et labora!« – Bete und arbeite! Zu ihren Aufgaben zählen die Seelsorge in Pfarreien, die Betreuung der jährlich mehr als 10.000 Pilger, die Gästebetreuung im Kloster und die Arbeit mit den Schülern am seit mehr als 100 Jahren bestehenden privaten Gymnasium. Und ganz profan: Vor dem Kloster betreiben die Mönche das Marienstatter Brauhaus.

Mehrmals im Jahr kann es in der Abtei Marienstatt ganz schön laut werden: Dann veranstaltet der Musikkreis Konzerte in der Kirche mit ihrer Rieger-Orgel.

Der Barbaraturm im
Besucherbergwerk Grube Bindweide
Bindweider Straße 2
57520 Steinebach
02747 7845

64 Frei atmen unter Tage

Grube Bindweide und Barbaraturm

Solche alten Gruben gibt es viele im Westerwald, sie waren (und sind) sozusagen der steinreiche Untergrund der Region. Aus der ehemaligen Grube Bindweide in Steinebach an der Sieg, wo einst die Knappen nach – Glück auf, Glück auf – Erz und Eisen schürften, wurde 1987 ein erlebnisreiches Besucherbergwerk. Mit der Grubenbahn geht's in Käfigkabinen unter Tage, wo die knochenharte Arbeitswelt der Kumpel an Originalmaschinen, die rattern und lärmen, erlebbar wird.

Für Menschen, die wie ich Probleme mit Atemwegsallergien oder Bronchialasthma haben, ist die fast staub- und pollenfreie Stollenluft ein Segen. Endlich wieder durchatmen können in diesem anerkannten Heilstollen! Das Institut für Gesundheitsförderung in Dickendorf bietet sogar eine richtige Stollentherapie mit Atemübungen, langen Liegezeiten unter Tage und Sportprogramm. Eigentlich will man nach so einer Therapiesitzung gar nicht mehr hinauf …

Auf der Weiterfahrt taucht unweit der Grube plötzlich im grünen Umfeld ein Koloss aus Stahl vor mir auf. Sein Name: Barbaraturm! Früher stand er als Fördergerüst über dem Westschacht des Blei-Zink-Erzbergwerks Grund in Bad Grund im Harz. Als die Grube nach der politischen Wende stillgelegt wurde, sollte der 22 Meter hohe Turm verschrottet werden. Nach einigem Hin und Her landete der lange Lulatsch dann schließlich im Herbst 2013 im nördlichen Westerwald – auf der Steineberger Höhe in der Verbandsgemeinde Gebhardshain. Der Turm ist besteigbar, dient Wanderern auf dem Druidensteig als Rastplatz und Aussichtsturm und ist das traditionsreiche Wahrzeichen für den einstigen Eisenerzabbau zwischen Rhein, Sieg und Dill. Ein schönes Stück Vergangenheit wird hier wieder erlebbar. Wie gut, dass der Barbaraturm der Schrottpresse entging …

Unter Tage kann man in Steinebach sogar heiraten. Für Schulklassen und Kindergruppen gibt's ein eigenes Programm, das Museumspädagogen betreuen.

Rezept gegen Magenprobleme im

Deutschen Raiffeisenmuseum
Raiffeisenstraße 10
57577 Hamm

Tourist-Info Raiffeisenland
Scheidter Straße 11
57577 Hamm
02682 969789

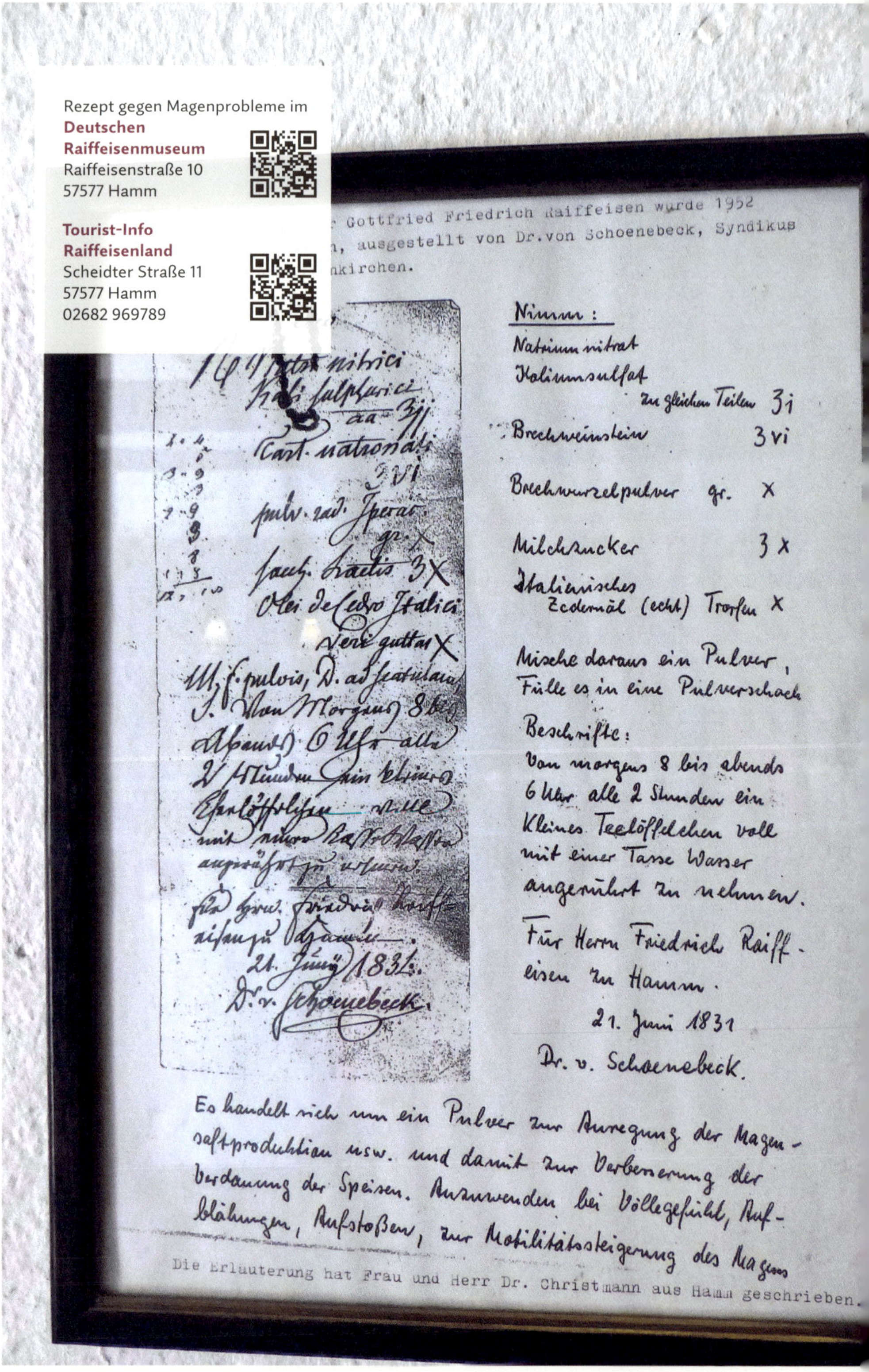

65 Alle für einen, einer für alle

Historische Raiffeisenstraße ab Hamm

Er war (und ist) der wohl berühmteste Westerwälder und gilt als der Vater aller Genossenschaften – Friedrich Wilhelm Raiffeisen (1818–1888). Der engagierte Christ und Sozialreformer hat seiner Heimat mit seinem Wirken und seinem Namen ein Denkmal gesetzt, das weltweit Beachtung findet.

Blicken wir zurück ins frühe 19. Jahrhundert: Die politischen Verhältnisse in Europa sind nach dem Wiener Kongress (1815) unklar, und überall darbt das Landvolk. So auch im Westerwald. Schlechtes Wetter, Blitz und Hagel zerstören viele Ernten, die Menschen hungern und das Vieh stirbt, weil Medikamente nicht vorhanden oder nicht zu bezahlen sind. Geld für notwendige Investitionen, die helfen könnten, dem Mangel zu entkommen: woher nehmen, wenn nicht stehlen? Mit diesem Dilemma setzen sich Männer wie F. W. Raiffeisen auseinander. Der Visionär und Urvater der heutigen Raiffeisenbanken gründet zunächst den *Weyerbuscher Brodverein* und später den *Flammersfelder Hülfsverein zur Unterstützung unbemittelter Landwirte*. Raiffeisens Ziel ist es, das Elend offensiv zu verwalten, um es dadurch besser in den Griff zu bekommen.

Im Westerwald kann man die verschiedenen Stationen im Leben des großen Reformers noch heute auf einer Fahrt über die Historische Raiffeisenstraße – seit 1984 trägt sie diesen Ehrennamen – von Hamm (Geburtshaus und Museum) bis Neuwied (Grab) nachverfolgen. Es war Raiffeisens Verdienst, dass er den Westerwald an den Verkehrsweg Nummer 1 der damaligen Zeit, an den Rhein, anband. Heute braucht man für die Überlandfahrt, die sehr lenkintensiv ist, ohne große Stopps maximal 90 Minuten. Doch was jetzt die gut ausgebaute B 256 ist, war im 19. Jahrhundert eine Schlamm- und Dreckspiste, auf der die Pferdefuhrwerke oftmals Tage brauchten, um ans Ziel zu kommen. Manche kamen auch nie an …

Seit dem Umbau ist das Deutsche Raiffeisenmuseum komplett barrierefrei. Besuchern stehen Audio-Guides in Deutsch, Englisch, Französisch, Spanisch und Japanisch zur Verfügung.

Rundgang durch Blankenberg
Startpunkt:
Platz am Katharinenturm
Graf-Heinrich-Straße
53773 Hennef-
Blankenberg

Tourist-Service und Info der Stadt Hennef
Frankfurter Straße 97
53773 Hennef
02242 19433

66 Stadt ohne Stadtrecht

Rundgang durch Blankenberg

Blankenberg ist eine Stadt ohne Stadtrecht. Ein Städtchen also? Für einige sprachliche Verwirrung sorgt ganz im Norden des Westerwalds dieser Ort, der offiziell *Stadt Blankenberg* heißt. Denn die einst mächtige Ansiedlung mit den wuchtigen Burgresten 80 Meter hoch über der Sieg ist gar keine Stadt (mehr). Schon 1805 verlor Blankenberg, heute ein Stadtteil von Hennef, das Stadtrecht, darf aber als sogenannte Titularstadt den »städtischen Zusatz« weiter im Namen tragen.

Blankenberg ist Mittelalter pur, seit 1992 steht sein alter Kern unter Denkmalschutz. Enge Gässchen, sauber restauriertes Fachwerk, viele Restaurants und Kneipen: Der Ort mit seinen gut 600 Einwohnern – die meisten haben ihr Häuschen jenseits des Altstadtkerns – ist ein beliebtes Touristenziel. Dicke Mauern und die Reste einer mächtigen Burg sind noch heute steinernes Zeugnis für die einstige Wehrhaftigkeit des Fleckens. Der erhielt 1245 von Graf Heinrich III. von Sayn und seiner Gemahlin, Gräfin Mechthild, das Recht, sich Stadt zu nennen, Markttage auszuweisen, Handel in Freiheit zu treiben. Diese Blütezeit hielt nicht lange – der Graf, der die Burg zu seiner Residenz erhob, verstarb kinderlos. Immerhin: Die Burg blieb bis ins 17. Jahrhundert hinein Verwaltungssitz des Amtes Blankenberg im Herzogtum Berg.

Von einem Nebenturm der Burg hat man heute einen tollen Weitblick ins Siegtal und bis hinüber zum Michaelsberg in Siegburg. Der Burgbesuch und auch die Parkplätze außerhalb der Stadtmauer sind kostenlos. Eine nette Idee ist ein ganz besonderer Rundgang: Die Gäste entscheiden, in welche Rolle Fremdenführerin Waltraud schlüpfen soll, etwa die eines zänkischen Weibs oder als Nonne oder auch die eines Burgfräuleins. Immer am zweiten Sonntag im September kommt das Mittelalter als Markttag auf den Marktplatz zurück.

In Blankenberg lässt man sich am besten treiben. Ideal ist das reichlich vorhandene Fachwerkgemäuer auch für ein romantisches Wochenende zu zweit.

STADT BAD EMS
BAD EMS / D

Statistisches Landesamt
Langnese

Grube Georg, Schacht II
56594 Willroth

Bürgerinitiative Willroth
02687 1323 (Anmeldung Führung)

67 Held der Arbeit an der A 3

Förderturm von Grube Georg

Er ist 56 Meter hoch und ein Held der Arbeit – der Förderturm von Schacht II der Grube Georg in Willroth. Millionen Autofahrer kennen ihn oder haben ihn zumindest schon einmal direkt an der A 3 flüchtig zur Kenntnis genommen, den Riesen aus Stahl, wie man ihn im Ruhrgebiet, aber nicht unbedingt hier erwarten würde. Seit dem 31. März 1965 ist der Turm in Rente, erinnert als letzter des Bezirks Siegerland-Wied an die Knochenarbeit, die hier Bergleute unter Tage beim Abbau von Eisenerz leisteten.

Die Geschichte des Willrother Bergbaus ist alt – 1338 wurde das Bergwerk erstmals erwähnt. Die Grube, zuletzt im Besitz des Essener Krupp-Konzerns, wurde schließlich geschlossen, weil es immer mühseliger und vor allem kostenintensiver wurde, den Spateisenstein nach oben zu fördern. Bei einer Teufe – wie der Bergmann die Tiefe nennt – von 850 Metern war dann Schluss: Sechs Millionen Tonnen Eisenerz hatten insgesamt bis zu 500 Westerwald-Kumpel abgebaut, gut drei Millionen Tonnen lagern als sogenannte Restvorräte weiter in der Erde. Ob sie jemals nach oben kommen werden? Es sieht derzeit aus Kostengründen – ähnlich wie bei der Kohle im Ruhrgebiet – nicht danach aus.

Die Bergbaurelikte werden aber als Industriedenkmale von der zuständigen Verbandsgemeinde Flammersfeld in Ehren gehalten und liebevoll gewartet. Das gilt für den Förderturm an der Grube Georg genauso wie für die weiße Aufbereitung, wo die gewonnenen Rohstoffe zu verkaufs- oder verhüttungsfähigen Erzeugnissen verarbeitet werden.

Heute ist der Förderturm vor allem ein touristisches Ziel. Führungen durch die historische Anlage sind inklusive Turmaufstieg möglich, nachdem ab 2015 umfangreiche Sicherungs- und Sanierungsarbeiten durchgeführt und Mängel beim Brandschutz und bei den Rettungswegen beseitigt wurden.

Der Förderturm an der A 3 ist auch Start- und/oder Zielpunkt für den Westerwälder Erzwanderweg, der die Bergbaugeschichte der Region erlebbar macht.

Weihnachtsdorf Waldbreitbach
Rund um die Pfarrkirche
Maria Himmelfahrt
56588 Waldbreitbach

Krippenfachgeschäft Gebrüder Hertling
Neuwieder Straße 20
56588 Waldbreitbach
02638 316

68 Ja, ist denn heut schon Weihnachten?

Weihnachtsdorf

»Ja, ist denn heut schon Weihnachten?« Die legendäre Werbefrage von Fußball-Kaiser Franz Beckenbauer wird in der kleinen Westerwaldgemeinde Waldbreitbach stets eindeutig mit Ja beantwortet. Denn der kleine Ort im romantischen Wiedtal, der den klangvollen Beinamen »Weihnachts- und Krippendorf« trägt, ist nicht nur zur Weihnachtszeit auf »X-mas« eingestellt.

Es ist dem 2021 verstorbenen Hotelier und Hobbykrippenbauer Gustel Hertling zu verdanken, dass alle Jahre wieder im Wiedtal ein Spektakel um Krippen, Lametta und bunten Kugeln aus aller Welt zu bestaunen ist. Und obwohl das bekannte Krippenmuseum derzeit geschlossen ist – herzlich willkommen sind »X-mas«-Fans das ganze Jahr über im Krippenfachgeschäft der Hertling-Familie. Dort wird alles rund um Weihnachtskrippen angeboten, vor allem dekorative Figuren aus hochwertigen Materialien wie Holz, Terrakotta oder Berkalith. Von Dezember bis Februar verwandelt sich der gesamte Ort in ein Weihnachtsdorf. Manchmal werden ein Krippenmarkt und Krippenbaukurse veranstaltet. Highlights sind stets die Naturwurzelkrippe in der Kirche Maria Himmelfahrt und der »Stern von Bethlehem«. Dieser erstrahlt mit 3.500 Glühbirnen an Bäumen und Büschen über eine Länge von fast zwei Kilometern, sodass er sogar aus dem Flieger beim Landeanflug auf den Adenauer-Airport Köln/Bonn zu sehen ist. Jedes Jahr säumen neue Attraktionen die Wege im Weihnachtsdorf: Mal sind es mannshohe Nussknacker an der Treppe zur Kirche, mal ist es ein schwimmender Adventskranz oder eine ebensolche Krippe auf der Wied.

Mitten durch Waldbreitbach führt der Wiedwanderweg, der sich durch breite Wiesenauen die Wied entlangschlängelt, dem längsten »reinen« Westerwald-Gewässer. Von der Quelle bis zur Mündung in den Rhein sind 113 Kilometer über Hänge und Täler zu bewältigen. Die gemütliche, familiengerechte Tour bietet schöne Ausblicke und wird auch pauschal (unter anderem mit Gepäcktransport) angeboten.

Waldbreitbach im Naturpark Rhein-Westerwald ist auch eine Top-Adresse für Genusswanderer, etwa auf der *Wäller Tour Bärenkopp* (www.waldbreitbach.de).

Westerwaldsteig
Startpunkt:
Tourist-Information
Hauptstraße 84
53557 Bad Hönningen
02635 2273

Westerwald Touristik-Service
Kirchstraße 48a
56410 Montabaur
02602 30010

69 Das grüne W der großen Fitness

Westerwaldsteig ab Bad Hönningen

Das sattgrüne W weist uns den Weg. Verlaufen geht nicht, denn über 1.000-mal lässt die markante Markierung keinen Irrtum zu. Der Westerwaldsteig ist ein schönes Stück Herausforderung an Fitness und Ausdauer und beweist einmal mehr, dass ein Mittelgebirge den bergigen Wortteil zu Recht führt. Mal auf, mal ab und immer wieder abwechslungsreich. Wir merken schnell: Hat man erst einmal den Höhenrücken erreicht, öffnen sich weite Horizonte. Über 235 Kilometer führt der Weg von Bad Hönningen am Rhein (Rheinland-Pfalz) ins hessische Herborn im Dilltal.

Der Westerwaldsteig ist das Herzstück, das den beliebten Rheinsteig mit dem mehrfach ausgezeichneten Rothaarsteig im Sauer-/Siegerland verbindet. Das »Wanderloch« dazwischen, in der Mitte Deutschlands, wurde 2008 geschlossen. Christoph Hoopmann, ehemaliger Chef des Westerwald Touristik-Service in Montabaur, weiß: »Dieser Weg ist kein leichter, ist aber enorm für die Region.« Der Steig quer durch das Mittelgebirge zwischen den Ballungsräumen an Rhein, Ruhr und Main ist Teil des Qualitätskonzepts, mit dem die deutsche Wandergemeinde seit einiger Zeit neue Wege beschreitet. Aber auch auf dem Westerwaldsteig gilt: Mach mal Pause – zum Beispiel im Westerburger Land, wo ich das Segeln gelernt habe und ein Freund das erste Mal huckepack mit dem Fallschirm abgesprungen ist. Und wo ich in Westerburg das Trachtenmuseum im Alten Rathaus besichtigt habe.

Die Streckenführung des Steigs ist stark geprägt von Wald- und Wiesen-Etappen – und von himmlischer Ruhe. Von Herborn geht es über das Dach des Mittelgebirges, die 657 Meter hohe Fuchskaute, entlang der Krombachtalsperre. Spannend wird es in der Holzbachschlucht, wenn es gilt, den 30 Meter tiefen Graben auf Stegen zu überwinden. Schwindelfrei sollte man auf den schmalen Schluchtsteigen sein.

Wer richtig gut zu Fuß ist, kann in Deutschlands Mitte drei Steige kombinieren: Rhein-, Westerwald- und Rothaarsteig – ja, wo laufen sie denn …?

Weinberge
Beidseitig der B 42
56599 Leutesdorf
am Rhein

Edmundhütte
Am Langenbergskopf
56599 Leutesdorf am Rhein

70 Die geteilte Königin

Weinberge

Sie liegt am Rhein, gehört zur Weinregion Mittelrhein und ist eine der ganz wenigen Weingemeinden im Vorderen Westerwald: Leutesdorf, rund 2.000 Einwohner, ein Dutzend aktive Winzer und eine neue Jugendherberge in einem früheren Kloster direkt am Fluss. Laut den Winzern sind es die drei nach Süden und Südwesten ausgerichteten Hauptlagen Rosenberg, Gartenlay und Forstberg, die für gute Riesling-Weine, aber auch für Grauburgunder und Kerner stehen. »Und neuerdings haben wir auch Rotweine im Angebot, zum Beispiel den Spätburgunder«, sagt Winzer Paul Roos, der mit seinen Söhnen ein Weingut direkt an der viel befahrenen B 42 betreibt. Die Arbeit im Weinberg kommt ohne den Zusatz »Knochen-« nicht aus – die Trauben wachsen auf Steilhängen und müssen von Hand gelesen werden.

Zweimal im Jahr steppt in Leutesdorf, das zum Naturpark Rhein-Westerwald gehört, der Bär: zum Weinpicknick *Tafeln am Strom* im Sommer mit einer 300 Meter langen Tafel und zum traditionellen Winzerfest am zweiten September-Wochenende. Beim Winzerfest wollen Tausende Besucher einen rheinischen Westerwaldtropfen genießen und die Seele baumeln lassen. Eng ist die Zusammenarbeit mit den Andernacher Weinfreunden auf der linksrheinischen Seite: Beide Städtchen teilen sich eine Weinkönigin.

Von der Edmundhütte hoch über Leutesdorf hat der Wanderer einen der schönsten Ausblicke ins Rheintal. Die Hauptattraktion, die man von hier oben vor Augen hat, geht »drüben« bei Andernach gerne in die Luft: Der weltweit höchste Kaltwassergeysir spuckt verlässlich alle 100 Minuten. Durch aufperlendes Kohlendioxidgas wird die Fontäne bis zu 60 Meter in die Höhe getrieben. Wer schon einmal eine Sprudel- oder Champagnerflasche erst geschüttelt und dann geöffnet hat, weiß, wie das funktioniert …

Die moderne Jugendherberge hat Wohlfühlcharakter mit 150 Betten, mehreren Tagungsräumen und einem Restaurant (www.diejugendherbergen.de/Leutesdorf).

Festival der Currywurst
(Januar/Februar)
Luisenplatz
56564 Neuwied

Tourist-Information
Marktstraße 59
56564 Neuwied
02631 8025555

71 Hauptsache, scharf

Festival der Currywurst

Nein, erfunden wurde sie hier nicht. Das wäre zu viel der wurstigen Ehre. Um das Recht der ersten Wurst streiten sich Berlin, Hamburg und auch das Ruhrgebiet. In Neuwied am Rhein aber ist der Brat- oder Brühwurst seit einiger Zeit ein ganzes Fest gewidmet: Das jährliche Festival der Currywurst ist einzigartig in Deutschland.

Grönemeyer, der Barde, der der Wurst in pikanter Tunke einen eigenen Song gewidmet hat, war noch nicht da. Auch Altkanzler Gerd Schröder, bekennender Currywurstfan, hatte bislang keine Zeit für »ne Festivalwurst«, findet die Idee aber gut. Immer zu Jahresanfang (Januar/Februar) lockt das Festival für drei Tage Freunde und experimentierfreudige Wurst-Fans in die Neuwieder Innenstadt auf den Luisenplatz. Mehr als zwei Dutzend Standbetreiber und Wurstanbieter sind fast immer dabei, und sie überbieten sich mit immer wieder neuen Currysoßen-Kreationen – und auch Wurst-Innovationen. Sie kommen als Brat- oder Brühwurst, mit oder ohne Darm, geschnitten oder am Stück und mit unendlich vielen Soßen-Mixen auf die Teller oder, stilechter, in die Pappschalen. Der Fantasie sind kaum Grenzen gesetzt. So wurde schon einmal eine Döner-Currywurst vorgestellt oder auch eine wurstige asiatische Variante mit kalter Erdnuss-Basilikum-Chili-Soße. Erlaubt ist, was schmeckt. Mein persönlicher Traum wäre es, mich einmal als Testesser vor Festivaleröffnung durch alle Wurst-Angebote zu probieren …

Dabei gilt für den Klassiker des deutschen Fastfoods, der sich trotz aller Burger- und Sushi-Konkurrenz großer Beliebtheit erfreut: je schärfer, desto wow … Auf einer Schärfeskala von eins bis zehn schaffe ich die Acht, danach wird's Körperverletzung. Sicher ist nur etwas, das mir beim letzten Festival ein Anbieter erklärte: »Tabasco ist was für Weicheier …«

Am vierten Juli-Wochenende steht Neuwied ganz im Zeichen Frankreichs: Mit über 50 Markthändlern, Straßenmusikanten und dem beliebten Boule werden die Besucher ins Nachbarland entführt. Französische Delikatessen wie Käse, Wein, Gebäck und Wurst sind an den Marktständen ebenso zu finden wie ausgewähltes Kunsthandwerk. Vive la France!

Garten der Schmetterlinge
Schloßstraße 100
56170 Bendorf-Sayn
02622 15478

72 1.001 Falter

Garten der Schmetterlinge in Sayn

Sie haben Namen, die so farbenprächtig klingen, wie sie selbst es sind: Blauer Morphofalter, Paris-Pfau, Schwarzer Tiger oder auch Bananenfalter. Und wer sie in ihrem tropischen Zuhause auf Zeit im Bendorfer Ortsteil Sayn besucht, wird umflattert von Hunderten von Faltern.

Einer setzt sich mir auf den Kopf, ein anderer nimmt Platz auf meinem Hemd. »Hier sind immer ziemlich genau 1.001 Falter in der Luft oder machen gerade Pause«, schwärmt Biologin Gerlinde Blaese und zeigt mir den großen Atlasspinner. Der ist mit einer Flügelspannweite von bis zu 30 Zentimetern einer der größten Falter der Welt, hat aber ein bitteres Los: Er lebt nur maximal zehn Tage und verabschiedet sich dann in den Falter-Himmel. Immerhin sind die Schmetterlinge zuvor neun Monate in einem pergamentartigen Kokon gewachsen. Der überdachte Haus-Garten der Schmetterlinge ist eine tropische Zauberwelt. Zwischen Orchideen, Hibiskus und Bananenstauden fliegen Falter aus Südamerika, Afrika und Asien frei herum und erfreuen uns Menschen zwischen März und Ende November mit ihrer bunten Flugschau. In der Saison in Sayn kommt einmal in der Woche Falter-Nachwuchs per Flieger, zum Beispiel aus Costa Rica. Gut verpackt in Kisten landen bis zu 400 Puppen im fürstlichen Westerwald-Park, aus denen dann nach wenigen Tagen neue Schmetterlinge schlüpfen.

Eine lange Lebenserwartung hat keines der Tierchen, das hat Mutter Natur so eingerichtet. Sie flattern ein paar Wochen, und dann war's das. »Hier lernt der Mensch, wieder die kleinen Dinge zu sehen«, sagt Gerlinde Blaese und zeigt auf die Bananenstaude: Mit etwas Mühe kann man dort winzige Eier liegen sehen. Die legt der Falter immer zielgenau auf die Pflanze ab, von der sich die Raupe später ernähren wird. Wundersame Natur!

Besichtigt werden können in Bendorf/Sayn auch das Schloss, der Kulturpark mit Abtei und Sayner Hütte sowie hoch über Alt-Sayn die Burg.

Keramikmuseum Westerwald
Lindenstraße 13
56203 Höhr-
Grenzhausen
02624 946010

73 Eine Region macht in Ton

Keramikmuseum Westerwald

Ton hat jeder von uns gleich mehrfach daheim: das Frühstücksgeschirr; der Krug fürs Feierabendbier; der Apfelweinkrug (Bembel), der einst im *Blauen Bock* unter Heinz Schenk zu TV-Ehren kam – lang ist's her. Auch das Ursprungsmaterial des Waschbeckens, der Kloschüssel, des Klinkers an der Wand zu Hause ist Ton. Und wer sein Häuschen mit Dachziegeln deckt, setzt auch wieder Ton ein.

Im Kannenbäckerland, ziemlich nah an der Südgrenze des Westerwaldes, hat der irdene Rohstoff in Deutschland eines seiner Zentren – und sein museales Zuhause. Das Keramikmuseum Westerwald ist einzig und artig zurechtgemacht. Gezeigt wird eine umfangreiche Sammlung historischer und zeitgenössischer Keramik. Wir lernen beim Rundgang durch die vier lehrreichen Ebenen so einiges. Zum Beispiel, dass die Tonlagerstätten der Region in puncto Quantität wie Qualität spitze sind in Deutschland. Beim feuerfesten Ton ist das Kannenbäckerland sogar in Europa unerreicht. Tone, auch das lernen wir, sind als Rohstoff weltweit unersetzlich. In Rheinland-Pfalz sind heute noch rund 70 Tontagebaue in Betrieb, die meisten davon sind im Westerwald aktiv.

Ton, das »weiße Gold« des Westerwalds, wird durch das Brennen im Feuer zur Keramik. Und nach wie vor ist Ton als Rohstoff für Töpferwaren begehrt – in einer Tongrube im Westerwald zum Beispiel werden bis zu 15 Tonsorten unterschieden. Das Museum in Höhr-Grenzhausen zeigt die ganze Vielfalt von Ton und Keramik aus fast fünf Jahrhunderten. Im Keramik-Atelier kann man zudem hin und wieder jungen Keramikern aus aller Welt bei der Arbeit über die Schulter schauen. Es empfiehlt sich, im Museum eine Führung zu buchen, denn ohne fachliche Begleitung ist das Thema »Ton, Keramik, Steinzeug« zu komplex und schwer verständlich.

Im kleinen Museumsshop im Eingangsbereich werden immer wieder mal schöne Unikate und edle Tonstücke als typische Westerwald-Souvenirs angeboten.

Hotel Heinz
Bergstraße 77
56203 Höhr-
Grenzhausen
02624 94300

74 Fit, gesund und schön

Hotel Heinz

Ich habe Rücken – bei *Heinz* gibt's Abhilfe. Ich habe Bauch – mit *Heinz* kann ich Kilos verlieren. Auch bin ich hochgradig hibbelig – bei *Heinz* mutiere ich zur Schlaftablette. Eine hohe Kompetenz in Sachen Wellness und Gesundheit wird hier geboten. Hinzu kommen eine schmackhafte Küche, gute Erreichbarkeit und extrem serviceorientiertes Personal: Das sind für den Gast ideale Voraussetzungen für eine aktive Auszeit von dem Stress unserer schnelllebigen Zeit.

Das wahrscheinlich beste Vier-Sterne-Plus-Hotel im Westerwald trägt den Namen *Heinz* und gehört zur Kooperation der *Wellness Hotels Deutschland*. Das Haus in Höhr-Grenzhausen im Kannenbäckerland hat gar nichts zu tun mit der US-Tomatentunke gleichen Namens, sondern ist eine der deutschen Top-Adressen für ein (verlängertes) Wellness-Wochenende. Mehr als 100 verschiedene Anwendungen – von Kosmetik bis Physiotherapie – hat das über 2.500 Quadratmeter große Zentrum für Schönheit, Gesundheit, Fitness und Wohlbefinden im südlichen Westerwald zu bieten. Da bleibt kaum ein Wohlfühl-Wunsch offen.

Das Hotel, das von Anfang an, seit 1919, familiengeführt wird, wurde im Laufe der Zeit mehrfach erweitert – man braucht heute fast einen Kompass, um sich in der spannenden Symbiose aus Gebäudeteilen des frühen 20. Jahrhunderts und modernen Anbauten nicht zu verlaufen. Tipp: Man sollte bei der Hausführung besonders gut aufpassen. Von den 100 Zimmern und Suiten, die zur Auswahl stehen, bieten besonders die top gestylten Südflügel- und Lebensart-Zimmer moderne Eleganz und Komfort. Kleines Umwelt-Schmankerl: Wer mal auf die Zimmerreinigung verzichtet, tut Gutes – das Hotel stiftet stattdessen dem (Wester-)Wald in Not einen neuen Setzling. Schön auch: Direkt ab Hotel starten diverse Wanderetappen durch den Naturpark Nassau oder haben hier eine Station.

Viele Arten von Bewegungsurlaub sind im Hotel Heinz möglich – mit Wanderstock, Golf- oder Tennisschläger, Hund, Fahrrad oder E-Bike, Pferd, Kanu ...

Köppelturm auf der Montabaurer Höhe
Am Köppel
56424 Moschheim

Köppel-Hütte
Am Köppel
56424 Moschheim
02623 1280

75 Erinnerung an Rübezahl

Köppelturm auf der Montabaurer Höhe

Welcher Westerwälder war noch nicht auf dem Köppel? Er ist eine der höchsten Erhebungen der Montabaurer Höhe und zieht seit Jahrzehnten Besucher an. Das hat zwei Gründe: erstens den Bau des Köppelturms in den Jahren 1965/66. Denn ohne dieses Wahrzeichen wäre die Erhebung nur einer von vielen Hügeln in dem riesigen Waldgebiet, die bis zu 550 Meter über den Meeresspiegel ragen. Zweitens den »Rübezahl«, aber nicht den aus dem Erzgebirge, sondern den vom Köppel, mit bürgerlichem Namen Vincenz Kuch. Er bewirtschaftete über viele Jahre die neben dem Turm gelegene Köppelhütte und wohnte nicht weit davon entfernt mitten im Wald. Mittlerweile lebt der Wäller »Rübezahl« längst nicht mehr, doch seinen berühmten Aschenbraten – in der Glut eines offenen Feuers gegart – kann man in der Köppelhütte immer noch genießen, am besten gepaart mit einer Ofenkartoffel und Kräuterquark.

Doch vor dem Genuss steht der Aufstieg auf den Köppel, denn mit dem Auto darf man nicht durch den Wald zu Turm und Hütte fahren. Am einfachsten parkt man auf dem Köppelparkplatz an der Straße zwischen Montabaur und Ransbach-Baumbach. Schönere Zuwege gibt es allerdings vom Waldspielplatz bei Horressen oder vom Flürchen bei Höhr-Grenzhausen. War man früher fast nur in dunklem Wald unterwegs, öffnen sich heute viele wunderbare Ausblicke, und auch die Sonne blinzelt oft durch, da die Stürme der vergangenen Jahrzehnte mittlerweile große Lücken in den Forst gerissen haben.

Am Gipfel angekommen, empfiehlt sich zuerst die Besteigung des fast 40 Meter hohen, eigentlich eher hässlichen Betonturmes. Von oben bietet sich jedoch ein wunderbarer Überblick über den Westerwald, aber die Aussicht reicht auch bis in die Hohe Eifel, zum Siebengebirge, hinüber zum Hunsrück und sogar bis zum Großen Feldberg im Taunus. Nun aber schnell hinab zum Aschenbraten!

Wo früher der Ort Sespenroth lag, steht heute eines der Objekte am Skulpturenweg

Wüstung Sespenroth
Im südöstlichen Hang des Gelbachtales gegenüber der Gemeinde Reckenthal
56410 Montabaur-Reckenthal

76 Von Auswanderern und Holzskulpturen

Wüstung Sespenroth bei Reckenthal

Das Gelbachtal unterhalb der Kreisstadt Montabaur wartet zwischen den Stadtteilen Wirzenborn, Reckenthal und Bladernheim, die alle drei immer noch liebenswerte kleine Dörfer sind, mit einem besonders stillen Ort auf: der Wüstung Sespenroth. Nur noch ein Kreuz und eine Gedenktafel erinnern an das einstige Dorf, dessen Bewohner an Ostern 1853 fast komplett aus wirtschaftlicher Not aus dem Westerwald nach Amerika auswanderten. Heute kommen manchmal ihre Nachfahren ins Gelbachtal, um die Heimat ihrer Voreltern zu besuchen.

Da, wo einst Sespenroth stand, trifft man auf eine mächtige Skulptur aus hellem Holz. Wer will, kann sich von hier aus auf einen meditativen Rundweg begeben, vorbei an vielen weiteren kleinen bis riesigen Holzskulpturen, von denen eine jede ihre eigene Botschaft überbringen soll. Die Kunstwerke säumen einen Rundkurs durch das Tal und über die Höhen des Gelbachtals. Der Weg berührt Wirzenborn, Reckenthal und Bladernheim und bietet dadurch Einkehrmöglichkeiten. Angefangen hat alles mit einem Dialog zwischen der Künstlerin Simone Carole Levy, die aus der Schweiz stammt und im Westerwald lebt, sowie dem mittlerweile leider verstorbenen Besitzer des Fischerhofs in Reckenthal und Wanderreiter Herbert Fischer. 2009 wurde im Rahmen eines internationalen Künstlersymposiums mit den Werken begonnen, unterstützt von Sponsoren, dem Kunstforum Westerwald und der Dorfgemeinschaft Reckenthal. Weitere Künstlertreffen kamen in den nächsten Jahren hinzu. Weitere Skulpturen stehen auch am Sagenweg *Montabäurer Mären* und begleiten teilweise auch den 22 Kilometer langen neuen Qualitätsweg *GelbACHTrail.*

Und wer einen noch stilleren Ort sucht, kann vom etwas unterhalb gelegenen Dörfchen Isselbach durch ein Seitental mit ein paar alten Bergwerksstollen zur idyllisch gelegenen Wüstung Oberisselbach wandern. Das Dorf wurde schon im Dreißigjährigen Krieg verlassen.

Von der Wallfahrtskirche Unserer-Frau-von-Wirzenborn mit ihrem Gnadenbild führt ein alter Stationenweg über den Hang des Gelbachtales nach Montabaur.

Wild- und Freizeitpark Westerwald
Wildparkstraße 1
56412 Gackenbach
06439 233

77 Wo sich Bär und Wisent Gute Nacht sagen

Wild- und Freizeitpark Westerwald

Meine Schwestern und ich waren 1968 gerade so im richtigen Alter, als der heutige Wild- und Freizeitpark Westerwald in Gackenbach gegründet wurde. Immer wieder sonntags fuhren wir zu dem geschickt in die Hänge des Gelbachtales hineingebauten Tierpark, zogen Wildfutter aus den Automaten und lockten damit die Tiere an. Das ist heute etwas anders, aber das Parkgelände befindet sich bis heute in Gemeindebesitz und wird seit Jahrzehnten von Peter Opitz, gelernter Tierpfleger, Pächter und Naturfreund, geführt. Gemeinsam mit seinem Team hat er den Park zu dem gemacht, was er heute ist.

»Über 20 heimische oder ehemals heimische Tierarten – wie Braunbär Sally oder die mächtigen Wisente – leben in unserem Park«, erzählt Opitz. »Unser Damwild lebt sogar fast wie in freier Wildbahn. Auf gut präparierten Waldwegen kommen die Besucher insbesondere in dem großzügigen Freigehege den Tieren ganz nah.« Dass das natürlich nicht immer geht, macht der Tierpfleger auch deutlich: »Vor Braunbären muss man schon Respekt haben.« Deshalb ist das Gehege auch mit einem Elektrozaun zusätzlich gesichert. Dafür hat uns die Streichelwiese direkt neben dem Spielplatz schon früher immer magisch angezogen. Dort können kleine (aber natürlich auch große) Besucher der Tierwelt im Wild- und Freizeitpark Westerwald ganz nahe sein und den zahmeren unter den Tieren auch mal Auge in Auge gegenüberstehen. »Vorsichtiges Anfassen ist ausdrücklich erlaubt«, macht Opitz deutlich. »Denn das ist immer wieder ein besonders beeindruckendes Erlebnis für unsere Besucher.«

Oft können die Besucher auch besondere Höhepunkte im Park miterleben, zum Beispiel, wenn die Wisente gerade Nachwuchs bekommen haben. Diese mächtigen Tiere, die mit dem amerikanischen Büffel verwandt sind, lebten früher auch in den Wäldern Mitteleuropas wild – fast so wie heute in Gackenbach.

Neben den Tieren locken die in den Hang gebaute Sommerrodelbahn, ein Abenteuerspielplatz und Grillplätze insbesondere Familien in den Tierpark.

Rundgang Altstadt
Startpunkt: Marktplatz
Wipsch 9
56130 Bad Ems

Tourist-Information Bad Ems
Römerstraße 11
56130 Bad Ems
02603 94150

78 Kränchen und Pastille

Rundgang durch die Altstadt

Der europäische Hochadel und sein jeweiliger Hofstaat gönnten sich einst gern eine Sommerfrische in dem kleinen Kurort. Damals, im späten 19. und frühen 20. Jahrhundert, war Bad Ems das, was man heute mit dem Modebegriff »in« bezeichnet. Schön zu sehen: Vom einstigen Glanz und von ganz viel Gloria hat das »Kaiserbad« an der Lahn einiges, frisch poliert, in die Gegenwart transferiert.

Wer sich dem Städtchen mit dem Auto nähert, erfasst schnell seine Lage: Es geht eine Zeit lang in Kurven bergab – ins enge Lahntal, in dem sich das städtebauliche Highlight der Region traumhaft an den Fluss schmiegt. Schmucke Häuser mit Palastcharakter, Bauten der verspielten Bäderarchitektur, eine russische Zwiebelturm-Kirche, Denkmale und Erinnerungstafeln, eine weiße Lahn-Flotte, Heilquellen und Trinkbrunnen – darunter das Emser Kränchen –, eine moderne Therme, viel Natur drum herum – Ems gefällt sich immer noch als charmante Bade- und Vergnügungsstadt. Und immer am letzten Augustwochenende startet hier mit dem Blumenkorso zum Bartholomäusmarkt die wohl größte rollende Blütenschau Deutschlands.

Und wer nicht alles hier war, kurte und sich vergnügte: Kaiser Wilhelm I., Zar Alexander II., Dostojewski, Richard Wagner, Victor Hugo, natürlich Goethe (wo war der nicht?). Jacques Offenbach wirkte im *Cursaal* sogar zwölf Jahre als Konzertmeister. Die wohl tiefste Spur in der Weltgeschichte hat indes die sogenannte Emser Depesche hinterlassen. Diese »E-Mail der Frühzeit« führte letztendlich zum Deutsch-Französischen Krieg 1870/71. Ein Gedenkstein am Pavillon der Römerquelle erinnert an dieses Ereignis. In aller Munde ist das nette Städtchen auch seit langen Jahren durch die Emser Pastille. Diesen Rachenputzer aus gepresstem Emser Salz wissen nicht nur Sänger zu schätzen.

Die glorreichen Zeiten – im pompösen Grand Hotel Häcker's leben sie weiter. Hier wohnte, im Ostflügel, auch Kaiser Wilhelm I. (www.haeckers-hotels.com).

Weitere Lieblingsplätze

in der Region

Susanne Kronenberg
Lieblingsplätze Wiesbaden, Rhein-Taunus, Rheingau
192 Seiten, 14 x 21 cm
Klappenbroschur
ISBN 978-3-8392-0168-8

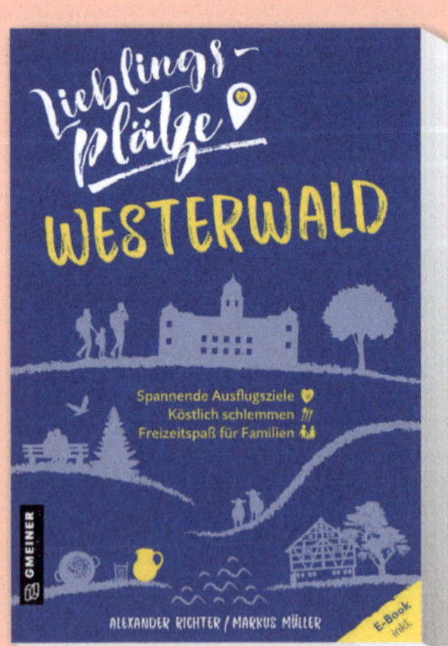

Alexander Richter, Markus Müller
Lieblingsplätze Westerwald
192 Seiten, 14 x 21 cm
Klappenbroschur
ISBN 978-3-8392-2734-3

GMEINER